초등 3, 4학년 교과 단어 수록

혼공 초등 영단어 STARTER ①

혼공북스

이 책의 특징

하나

본격 초등 영어 시작!

초등생을 위한 영단어 프로그램

❶ 파닉스와 사이트 워드를 끝낸 초등생을 위한 영단어 제공

파닉스와 사이트 워드로 읽기 준비를 시작했나요?

읽기를 더 잘하기 위해서는 학년별로 200여 단어를 학습해야 해요.

영단어를 많이 아는 것이 곧 영어 실력으로 연결되기 때문에 그 의미와 쓰임을

정확히 알고 있어야 해요.

❷ 교과서 수록 필수 영단어 제공

3, 4학년 교과서를 중심으로 분석하여 필수 영단어 320여 개와

필수 문장 패턴 30여 개로 교재를 구성했어요. 초등 영어 교과 과정과

읽기 능력 향상에 필수적인 단어와 문장을 학습할 수 있어요.

❸ 주제별 영단어 제공

교육부 권장 초등 영단어를 주제별로 정리하여

제시된 단어들을 문장 패턴으로 다시 확인할 수 있어요.

교과서 문장을 패턴별로 배우는 이유는 단어의 정확한 뜻은 물론

기본 문장까지 마스터할 수 있기 때문이랍니다.

4단계 학습 과정

단어 만나기	문장 만나기	복습하기	리딩하기
주제 중심의 단어들을 다양한 연상법으로 기억하기	교과서 문장 패턴 속 단어를 문맥 속에서 만나기	각 챕터의 전체 단어를 한번에 정리하여 복습하기	단어들이 사용된 이야기를 읽고 학습을 마무리하기

초등 저학년 시기에는 읽기의 기본기를 쌓아야 해요. 초등 저학년들에게 필요한 것은 파닉스, 사이트 워드뿐만 아니라 학습 수준에 맞는 단어 능력이에요. 주제 중심으로 구성된 단어들을 문장으로 확장하는 경험으로 의미를 확장하는 방법을 터득할 수 있어요. 그 단어들을 문장으로 복습하고 리딩으로 마무리하는 4단계 프로세스를 통해 쉽게 기억할 수 있어요. 또한 QR코드로 제공되는 오디오 파일을 들으며 읽기뿐 아니라 말하기와 쓰기까지 함께 할 수 있어요.

단어 학습 순서

❶ 철자 확인

철자가 맞는 단어 선택하기 + 빈칸에 철자 채워 넣기

❷ 단어와 단어의 연결

유닛별로 같은 주제로 묶인 단어들을 연결하여 연상하기

❸ 문장과 연결

교과 문장 패턴을 사용하여 단어들을 바로바로 확장하기

❹ 리딩

학습한 단어를 주제로 한 지문을 읽어 보기

❺ 챕터 복습

각 챕터의 단어를 모두 써 보며 정리하기

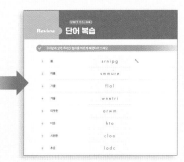

이 책의 구성

Vocabulary
주제별로 교과 단어들을 제시

이미지를 통해 단어 의미를
쉽게 파악하기

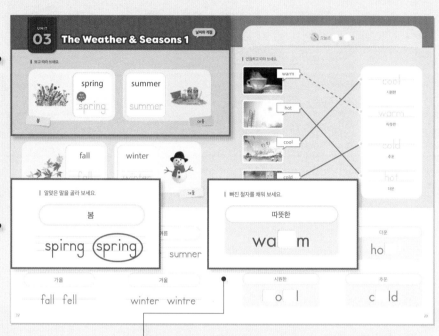

문제 1 단어의 올바른 철자 찾기

단어의 올바른 철자를 찾으며 단어를
재확인하기

문제 2 단어의 올바른 철자 채우기

빈 칸에 들어갈 철자를 채우며 단어 학습 집중도 높이기

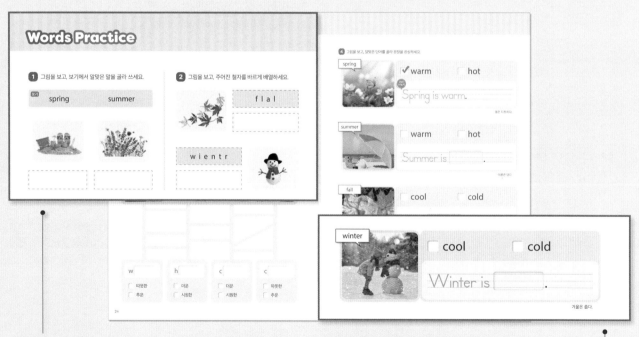

이미지로 단어 확인 단어 기억법 1

이미지에 맞는 단어를 선택하며 단어 재확인하기

문장으로 단어 확인 단어 기억법 2

교과 문장 패턴에 응용된 단어 재확인하기

단어 듣기 오디오 QR

단어와 문장을 듣고 따라
말해 보기

지문 읽기 주제와 단어의 지문

전체 읽기로 단어와 읽기를
동시에 잡기

지문 이해 읽기 이해도 확인하기

주제, 소재 및 세부 사항들을
묻는 문제

문제 단어의 의미 확인하기

단어의 의미를 문제 속에서
재확인하고 복습하기

단어 확인 챕터 전체 단어

철자 찾기를 통해 전체 단어 확인하기

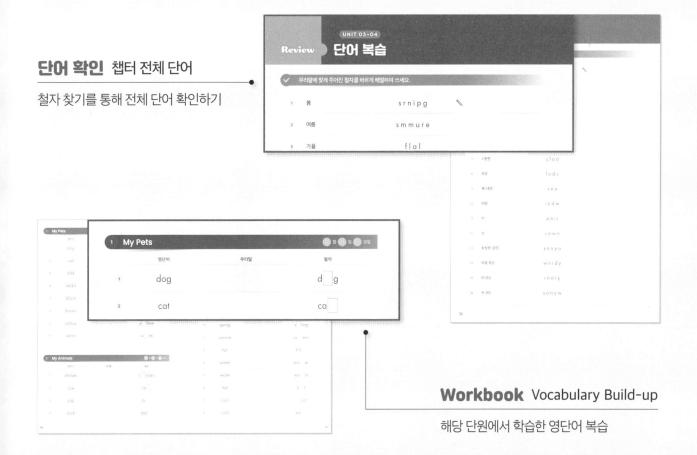

Workbook Vocabulary Build-up

해당 단원에서 학습한 영단어 복습

차례

1

*My Animals

QR코드를 스캔하여 단어와
문장을 듣고 따라해 보세요.

**UNIT
01**

UNIT 01 듣기
QR코드를 스캔하여 단어와
문장을 듣고 따라해 보세요.

**UNIT
02**

UNIT 02 듣기
QR코드를 스캔하여 단어와
문장을 듣고 따라해 보세요.

보고 따라 쓰세요.

dog

따라 써보기

dog

개

cat

cat

고양이

bird

bird

새

rabbit

rabbit

토끼

알맞은 말을 골라 보세요.

개

dag (dog)

고양이

cat cad

새

bird brid

토끼

rabbit robbit

연결하고 따라 쓰세요.

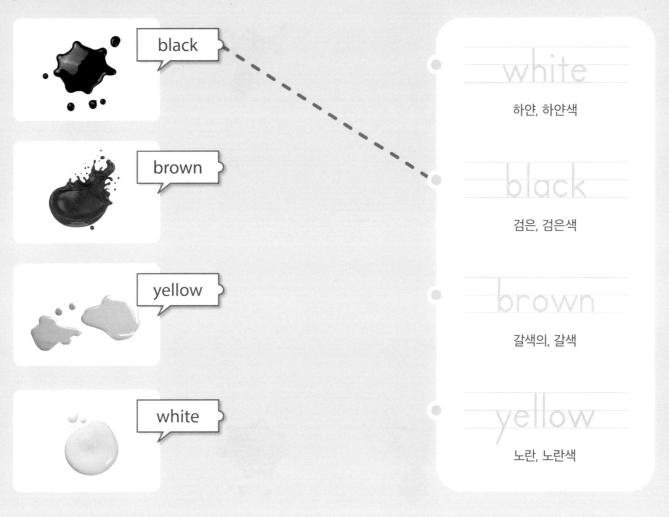

black		white 하얀, 하얀색
brown		black 검은, 검은색
yellow		brown 갈색의, 갈색
white		yellow 노란, 노란색

빠진 철자를 채워 보세요.

검은, 검은색

bla ☐ k

갈색의, 갈색

bro ☐ n

노란, 노란색

☐ ellow

하얀, 하얀색

w ☐ ite

Words Practice

1 그림을 보고, 보기에서 알맞은 말을 골라 쓰세요.

dog	cat

2 그림을 보고, 주어진 철자를 바르게 배열하세요.

b d r i

r b b a t i

3 그림에 맞는 단어를 연결하여 쓰고, 우리말을 고르세요.

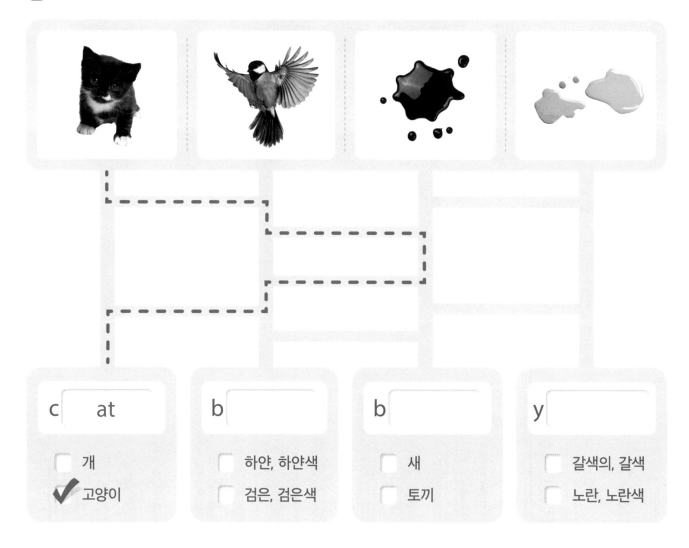

c [ ] at

☐ 개
✔ 고양이

b [ ]

☐ 하얀, 하얀색
☐ 검은, 검은색

b [ ]

☐ 새
☐ 토끼

y [ ]

☐ 갈색의, 갈색
☐ 노란, 노란색

4 그림을 보고, 알맞은 단어를 골라 문장을 완성하세요.

dog

☑ white   ☐ black

따라 써보기

I have a white dog.

나는 하얀 개를 갖고 있다.

cat

☐ white   ☐ black

I have a [   ] cat.

나는 검은 고양이를 갖고 있다.

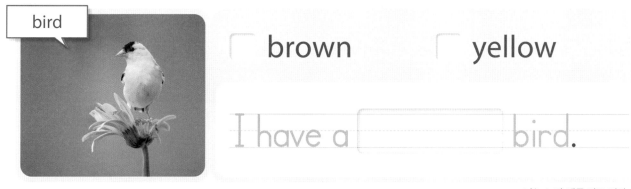

bird

☐ brown   ☐ yellow

I have a [   ] bird.

나는 노란 새를 갖고 있다.

rabbit

☐ brown   ☐ yellow

I have a [   ] rabbit.

나는 갈색 토끼를 갖고 있다.

My Animals

 나의 동물들

보고 따라 쓰세요.

chicken

따라 써보기

chicken

닭

cow

cow

소

pig

pig

돼지

duck

duck

오리

알맞은 말을 골라 보세요.

닭	소
(chicken) chiken	cow caw

돼지	오리
peg pig	dack duck

▌연결하고 따라 쓰세요.

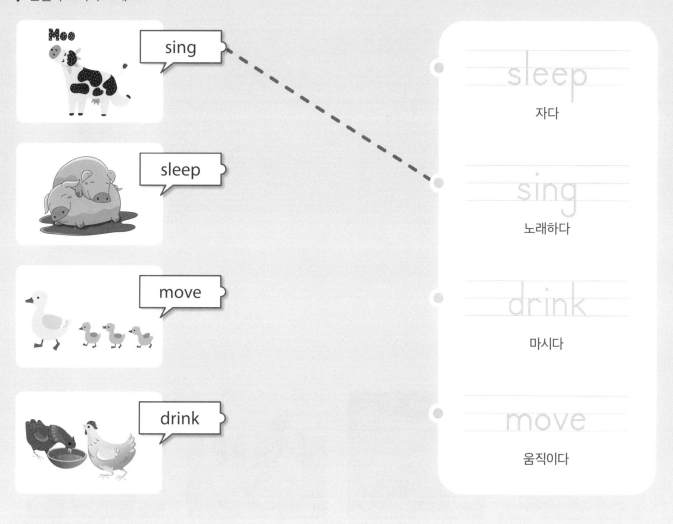

▌빠진 철자를 채워 보세요.

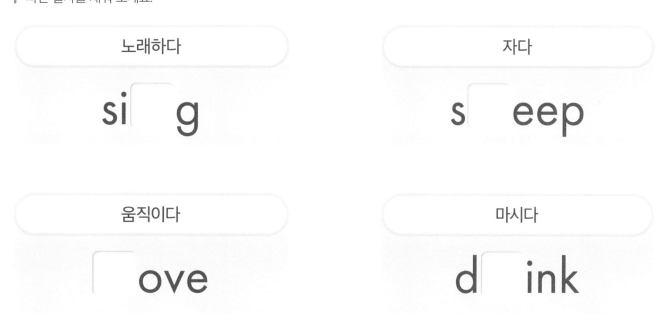

Words Practice

1 그림을 보고, 보기에서 알맞은 말을 골라 쓰세요.

보기
chicken   cow

2 그림을 보고, 주어진 철자를 바르게 배열하세요.

d c u k

g p i

3 그림에 맞는 단어를 연결하여 쓰고, 우리말을 고르세요.

c ____
- 닭
- 소

p ____
- 돼지
- 오리

c ____
- 닭
- 소

d ____
- 돼지
- 오리

4 그림을 보고, 알맞은 단어를 골라 문장을 완성하세요.

cow

☑ sing ☐ move

따라 써보기

The cows sing every day.

소들은 매일 노래한다.

duck

☐ sing ☐ move

The ducks ⬚ every day.

오리들은 매일 움직인다.

pig

☐ sleep ☐ drink

The pigs ⬚ every day.

돼지들은 매일 잔다.

chicken

☐ sleep ☐ drink

The chickens ⬚ every day.

닭들은 매일 (물을) 마신다.

Farm Animals

I have a dog, a cat, and a rabbit.

My dog is white.

My cat is black.

My rabbit is brown.

I have cows, pigs, and ducks.

The cows sing every day.

The pigs sleep every day.

The ducks move every day.

☑ Read and circle.

1 My _____ is white.

ⓐ dog   ⓑ cat   ⓒ rabbit

2 My rabbit is _____.

ⓐ black   ⓑ brown   ⓒ yellow

3 The _____ sing every day.

ⓐ chickens   ⓑ ducks   ⓒ cows

✎ Choose and write.

black	yellow	sleep	move

1

My bird is [   ].

2

The pigs [   ] every day.

Review 단어 복습

우리말에 맞게 주어진 철자를 바르게 배열하여 쓰세요.

1	개	d g o
2	고양이	t c a
3	새	b d r i
4	토끼	r b a i b t
5	검은, 검은색	b a l k c
6	갈색의, 갈색	b o w r n
7	노란, 노란색	y l e w l o
8	하얀, 하얀색	w i h e t
9	닭	c k h e i n c
10	소	c w o
11	돼지	i g p
12	오리	d k u c
13	노래하다	s n i g
14	자다	s e l e p
15	움직이다	m e v o
16	마시다	d i k n r

CHAPTER 2

*Seasons

UNIT
03

UNIT 03 듣기
QR코드를 스캔하여 단어와
문장을 듣고 따라해 보세요.

UNIT
04

UNIT 04 듣기
QR코드를 스캔하여 단어와
문장을 듣고 따라해 보세요.

The Weather & Seasons 1

날씨와 계절

보고 따라 쓰세요.

spring

따라
써보기

spring

봄

summer

summer

여름

fall

fall

가을

winter

winter

겨울

알맞은 말을 골라 보세요.

봄

여름

spirng (spring)

summer sumner

가을

겨울

fall fell

winter wintre

■ 연결하고 따라 쓰세요.

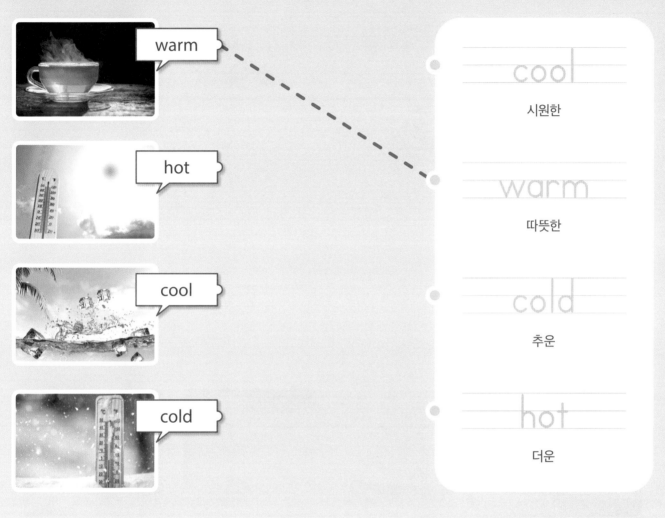

■ 빠진 철자를 채워 보세요.

따뜻한	더운
wa□m	ho□

시원한	추운
□o□l	c□ld

Words Practice

1 그림을 보고, 보기에서 알맞은 말을 골라 쓰세요.

보기   spring   summer

2 그림을 보고, 주어진 철자를 바르게 배열하세요.

f l a l

w i e n t r

3 그림에 맞는 단어를 연결하여 쓰고, 우리말을 고르세요.

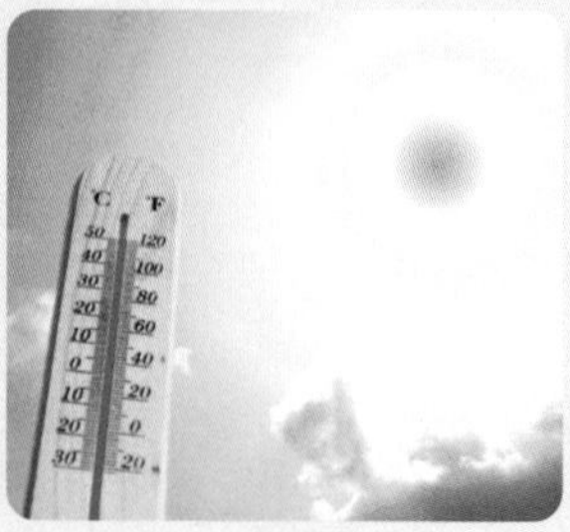

w

☐ 따뜻한
☐ 추운

h

☐ 더운
☐ 시원한

c

☐ 더운
☐ 시원한

c

☐ 따뜻한
☐ 추운

24

4 그림을 보고, 알맞은 단어를 골라 문장을 완성하세요.

spring

✔ warm ☐ hot

따라
써보기

Spring is warm.

봄은 따뜻하다.

summer

☐ warm ☐ hot

Summer is _____ .

여름은 덥다.

fall

☐ cool ☐ cold

Fall is _____ .

가을은 시원하다.

winter

☐ cool ☐ cold

Winter is _____ .

겨울은 춥다.

The Weather & Seasons 2

날씨와 계절

보고 따라 쓰세요.

sun

따라 써보기

sun

해, 태양

wind

wind

바람

rain

rain

비

snow

snow

눈

알맞은 말을 골라 보세요.

해, 태양

son (sun)

바람

wind wird

비

rein rain

눈

snow sonw

│ 연결하고 따라 쓰세요.

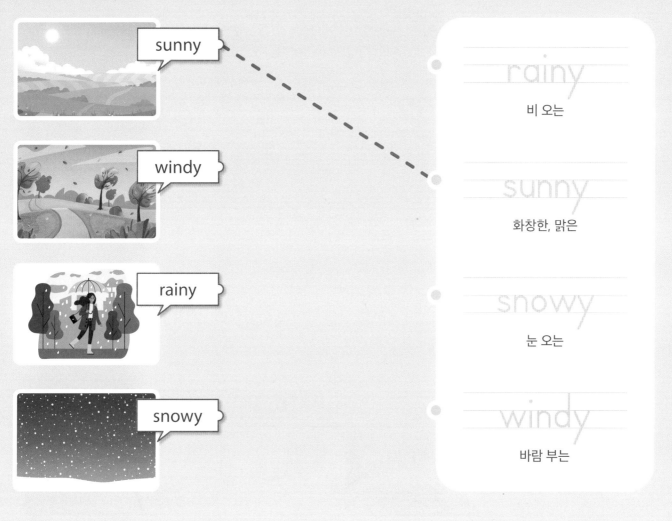

rainy
비 오는

sunny
화창한, 맑은

snowy
눈 오는

windy
바람 부는

│ 빠진 철자를 채워 보세요.

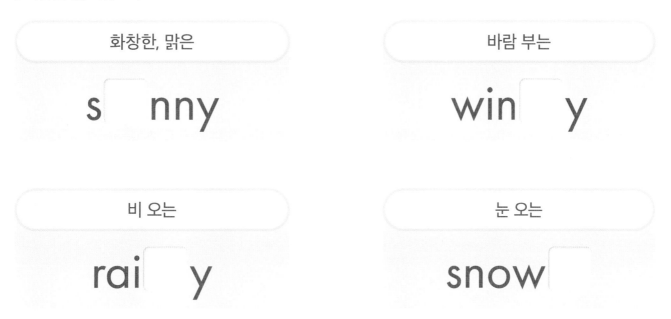

화창한, 맑은

s☐nny

바람 부는

win☐y

비 오는

rai☐y

눈 오는

snow☐

Words Practice

1 그림을 보고, 보기에서 알맞은 말을 골라 쓰세요.

보기   sun   wind

2 그림을 보고, 주어진 철자를 바르게 배열하세요.

r n i a

s o w n

3 그림에 맞는 단어를 연결하여 쓰고, 우리말을 고르세요.

s

☐ 해, 태양
☐ 바람

r

☐ 비
☐ 눈

s

☐ 비
☐ 눈

w

☐ 해, 태양
☐ 바람

4 그림을 보고, 알맞은 단어를 골라 문장을 완성하세요.

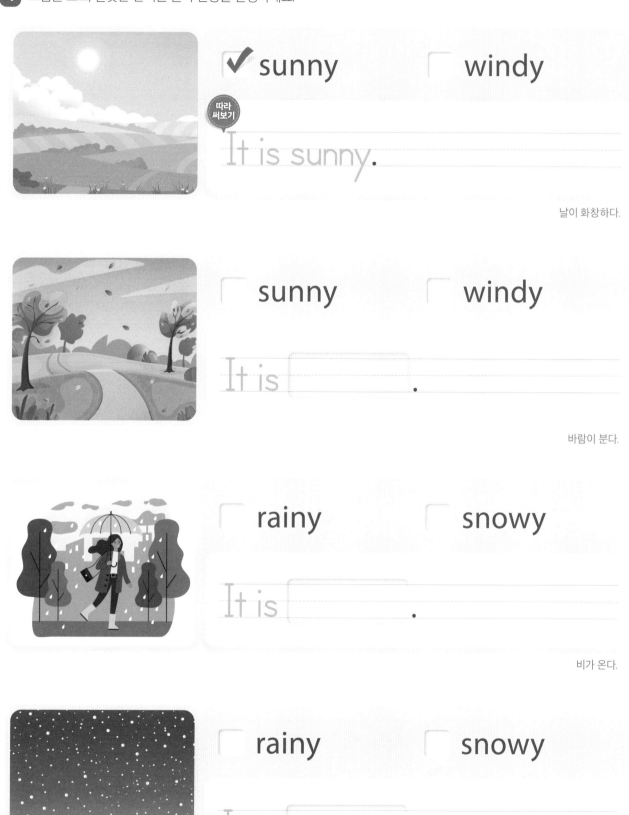

✔ sunny ☐ windy

따라 써보기

It is sunny.

날이 화창하다.

☐ sunny ☐ windy

It is [   ].

바람이 분다.

☐ rainy ☐ snowy

It is [   ].

비가 온다.

☐ rainy ☐ snowy

It is [   ].

눈이 온다.

Let's Read

How Is the Weather?

Spring is warm.
Summer is hot.
Fall is cool.
Winter is cold.

It is sunny in spring.
It is rainy in summer.
It is windy in fall.
It is snowy in winter.

☑ Read and circle.

1 It is warm and _____ in spring.

    ⓐ sunny   ⓑ hot   ⓒ snowy

2 It is cool and windy in _____.

    ⓐ summer   ⓑ fall   ⓒ winter

3 Choose T for True or F for False.

    ⓐ Winter is warm and rainy.   T / F

    ⓑ Summer is hot and rainy.   T / F

✏ Choose and write.

| rainy | sunny | windy | snowy |

1 It is _____.

2 It is _____.

3 It is _____.

31

✓ 우리말에 맞게 주어진 철자를 바르게 배열하여 쓰세요.

1	봄	s r n i p g
2	여름	s m m u r e
3	가을	f l a l
4	겨울	w n e t r i
5	따뜻한	a r w m
6	더운	h t o
7	시원한	c l o o
8	추운	l o d c
9	해, 태양	s n u
10	바람	i n d w
11	비	a n i r
12	눈	s o w n
13	화창한, 맑은	s n n y u
14	바람 부는	w n i d y
15	비 오는	r n a i y
16	눈 오는	s o n y w

CHAPTER 3

Body

UNIT 05

UNIT 05 듣기
QR코드를 스캔하여 단어와
문장을 듣고 따라해 보세요.

UNIT 06

UNIT 06 듣기
QR코드를 스캔하여 단어와
문장을 듣고 따라해 보세요.

보고 따라 쓰세요.

eye

따라 써보기

eye

눈

ear

ear

귀

mouth

mouth

입

nose

nose

코

알맞은 말을 골라 보세요.

눈

aye eye

귀

ear era

입

mouse mouth

코

noth nose

▮ 연결하고 따라 쓰세요.

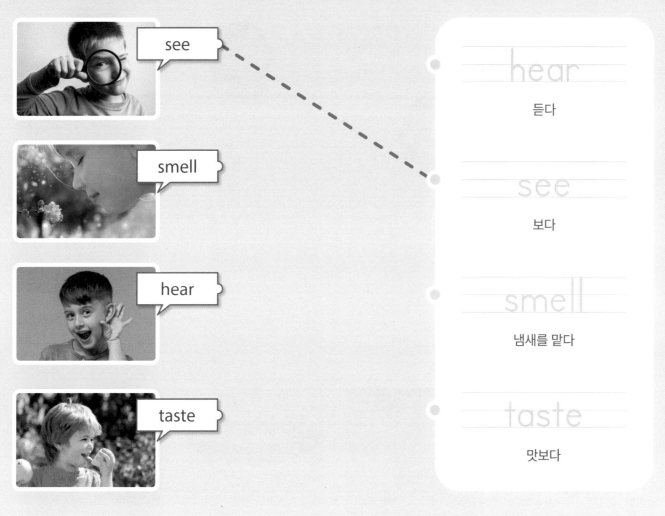

▮ 빠진 철자를 채워 보세요.

Words Practice

1 그림을 보고, 보기에서 알맞은 말을 골라 쓰세요.

보기   eye   ear

2 그림을 보고, 주어진 철자를 바르게 배열하세요.

m t h u o

o n s e

3 그림에 맞는 단어를 연결하여 쓰고, 우리말을 고르세요.

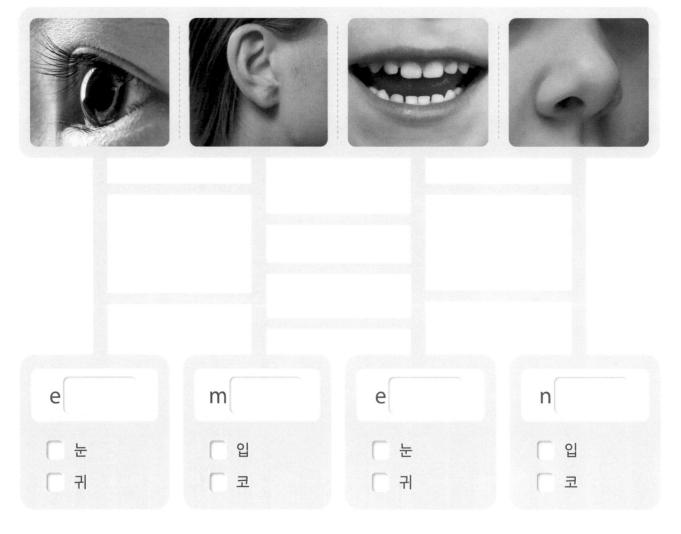

e

☐ 눈
☐ 귀

m

☐ 입
☐ 코

e

☐ 눈
☐ 귀

n

☐ 입
☐ 코

4 그림을 보고, 알맞은 단어를 골라 문장을 완성하세요.

☑ see ☐ hear

따라 써보기

My eyes can see.

내 눈은 볼 수 있다.

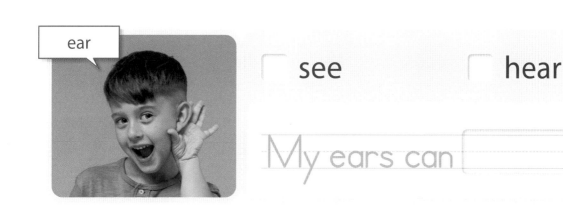

☐ see ☐ hear

My ears can ____.

내 귀는 들을 수 있다.

☐ smell ☐ taste

My mouth can ____.

내 입은 맛볼 수 있다.

☐ smell ☐ taste

My nose can ____.

내 코는 냄새를 맡을 수 있다.

보고 따라 쓰세요.

face

따라 써보기

face

얼굴

neck

neck

목

hand

hand

손

hair

hair

머리카락

알맞은 말을 골라 보세요.

얼굴

목

face fase

nack neck

손

머리카락

hans hand

hair heir

연결하고 따라 쓰세요.

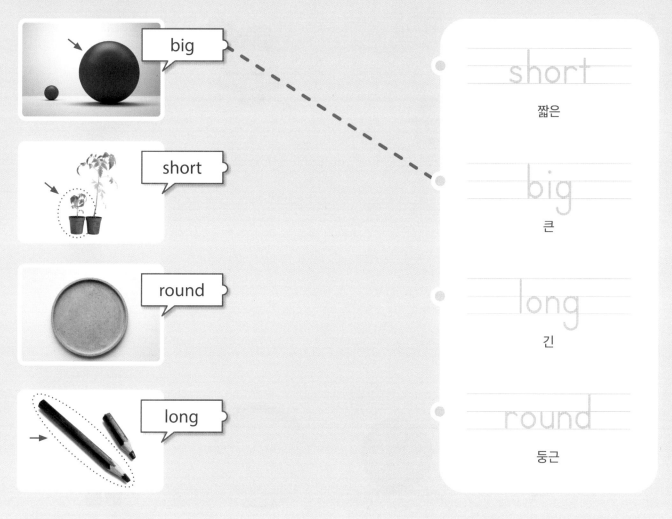

big	short
short	짧은
round	big
long	큰
	long
	긴
	round
	둥근

빠진 철자를 채워 보세요.

큰
b g

짧은
s ort

둥근
  ound

긴
  o g

Words Practice

1 그림을 보고, 보기에서 알맞은 말을 골라 쓰세요.

보기 face   neck

2 그림을 보고, 주어진 철자를 바르게 배열하세요.

h n d a

h i a r

3 그림에 맞는 단어를 연결하여 쓰고, 우리말을 고르세요.

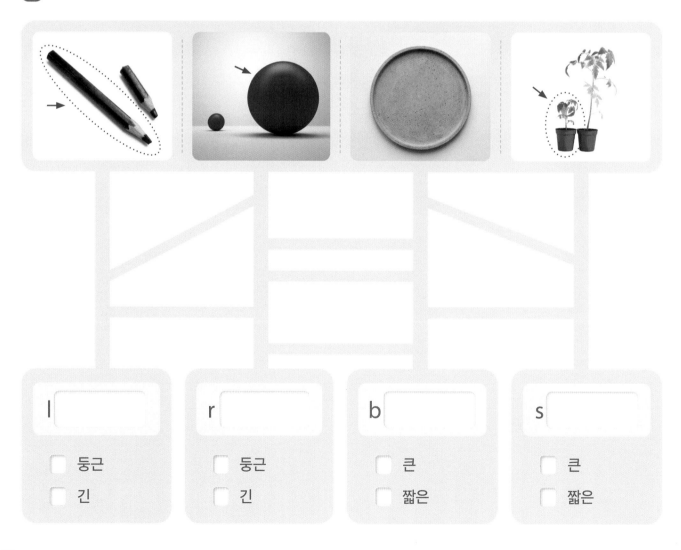

l ____

☐ 둥근
☐ 긴

r ____

☐ 둥근
☐ 긴

b ____

☐ 큰
☐ 짧은

s ____

☐ 큰
☐ 짧은

4 그림을 보고, 알맞은 단어를 골라 문장을 완성하세요.

hand

✔ big ☐ short

따라 써보기

My hand is big.

내 손은 크다.

neck

☐ big ☐ short

My neck is ⬚.

내 목은 짧다.

face

☐ round ☐ long

My face is ⬚.

내 얼굴은 둥글다.

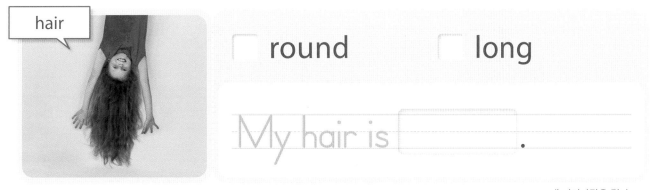

hair

☐ round ☐ long

My hair is ⬚.

내 머리카락은 길다.

Let's Read

Body

Yes, I Can!

This is my body.
My face is round.
My hands are big.
My hair is long.
My neck is short.

My body can do many things.
My eyes can see.
My ears can hear.
My mouth can taste.
My nose can smell.

☑ **Read and circle.**

1   I have _____ hair.

ⓐ round   ⓑ big   ⓒ long

2   I can _____ with my eyes.

ⓐ see   ⓑ hear   ⓒ smell

3   The text is about my _____.

ⓐ friend   ⓑ body   ⓒ family

✏️ **Choose and write.**

short	big	taste	smell

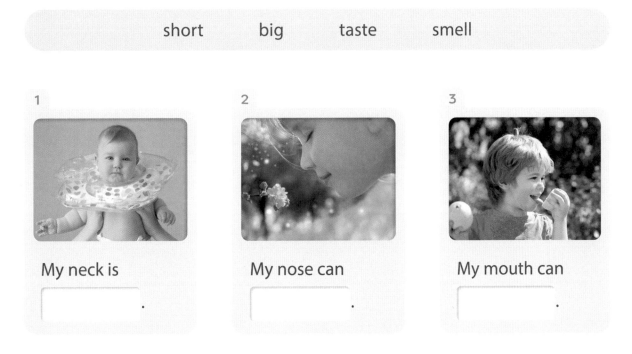

1   2   3

My neck is   My nose can   My mouth can

[_____].   [_____].   [_____].

우리말에 맞게 주어진 철자를 바르게 배열하여 쓰세요.

1	눈	y e e
2	귀	a r e
3	입	m u o h t
4	코	n o e s
5	보다	e s e
6	냄새를 맡다	s l m e l
7	듣다	h r e a
8	맛보다	t s a t e
9	얼굴	f c a e
10	목	n k c e
11	손	h d a n
12	머리카락	h r a i
13	큰	g i b
14	짧은	s o h r t
15	둥근	r u n d o
16	긴	l n o g

CHAPTER 4

Family

QR코드를 스캔하여 단어와 문장을 듣고 따라해 보세요.

UNIT 07

UNIT 07 듣기
QR코드를 스캔하여 단어와
문장을 듣고 따라해 보세요.

UNIT 08

UNIT 08 듣기
QR코드를 스캔하여 단어와
문장을 듣고 따라해 보세요.

My Family 1

나의 가족

보고 따라 쓰세요.

dad

따라 써보기

dad

아빠

mom

mom

엄마

brother

brother

남동생, 형, 오빠

sister

sister

여동생, 언니, 누나

알맞은 말을 골라 보세요.

아빠	엄마
dod (dad)	mom mon

남동생, 형, 오빠	여동생, 언니, 누나
brother brogher	sister sistre

연결하고 따라 쓰세요.

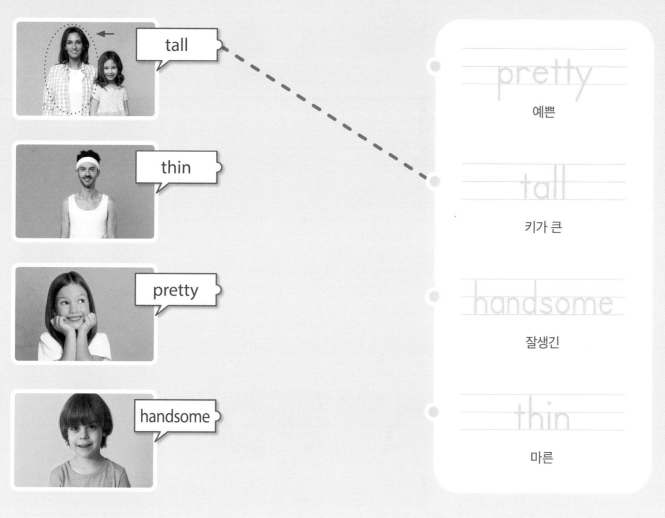

빠진 철자를 채워 보세요.

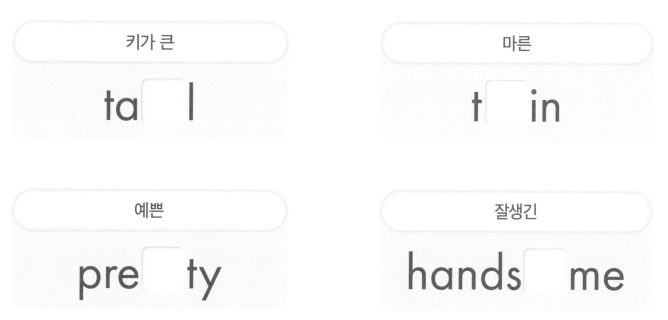

Words Practice

1 그림을 보고, 보기에서 알맞은 말을 골라 쓰세요.

보기   mom   dad

2 그림을 보고, 주어진 철자를 바르게 배열하세요.

s t i e s r

b o t r e h r

3 그림에 맞는 단어를 연결하여 쓰고, 우리말을 고르세요.

b[   ]
- 남동생, 형, 오빠
- 여동생, 언니, 누나

m[   ]
- 아빠
- 엄마

s[   ]
- 남동생, 형, 오빠
- 여동생, 언니, 누나

d[   ]
- 아빠
- 엄마

4 그림을 보고, 알맞은 단어를 골라 문장을 완성하세요.

dad

☐ tall   ✔ thin

따라
써보기

My dad is thin.

내 아빠는 말랐다.

mom

☐ tall   ☐ thin

My mom is [   ] .

내 엄마는 키가 크다.

brother

☐ pretty   ☐ handsome

My brother is [   ] .

내 남동생은 잘생겼다.

sister

☐ pretty   ☐ handsome

My sister is [   ] .

내 여동생은 예쁘다.

| 보고 따라 쓰세요.

grandfather

 따라 써보기

grandfather

할아버지

grandmother

grandmother

할머니

son

son

아들

daughter

daughter

딸

| 알맞은 말을 골라 보세요.

| 할아버지 | 할머니 |

grandfather   grandfaher   grandmater   grandmother

| 아들 | 딸 |

sun   son   daugter   daughter

연결하고 따라 쓰세요.

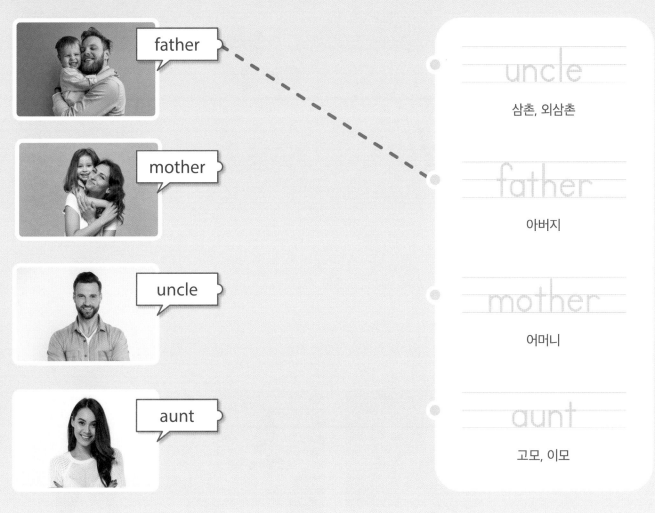

빠진 철자를 채워 보세요.

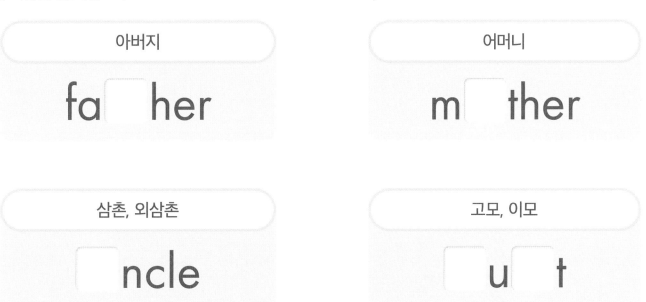

Words Practice

1 그림을 보고, 보기에서 알맞은 말을 골라 쓰세요.

보기 grandmother　　　grandfather

2 그림을 보고, 주어진 철자를 바르게 배열하세요.

s n o

d u g h a t e r

3 그림에 맞는 단어를 연결하여 쓰고, 우리말을 고르세요.

u

- [ ] 삼촌, 외삼촌
- [ ] 고모, 이모

g

- [ ] 할아버지
- [ ] 할머니

g

- [ ] 할아버지
- [ ] 할머니

a

- [ ] 삼촌, 외삼촌
- [ ] 고모, 이모

4 그림을 보고, 알맞은 단어를 골라 문장을 완성하세요.

grandfather

☑ **father** ☐ **mother**

따라 써보기

My grandfather is my
dad's father.

내 할아버지는 내 아빠의 아버지이다.

grandmother

☐ **father** ☐ **mother**

My grandmother is my
dad's [   ].

내 할머니는 내 아빠의 어머니다.

son

☐ **uncle** ☐ **aunt**

My [   ] is my
grandfather's son.

내 삼촌은 내 할아버지의 아들이다.

daughter

☐ **uncle** ☐ **aunt**

My [   ] is my
grandmother's daughter.

내 고모는 내 할머니의 딸이다.

Let's Read

I Love My Family

Family

This is my family.

There are five members in my family.

My dad, my mom, my grandfather,

my grandmother, and me.

My grandfather is my dad's father.

My grandmother is my dad's mother.

They spend the weekends with my uncle.

He is my grandmother's son.

We all love his visit.

☑ Read and circle.

1 My _____ is my dad's father.

    ⓐ aunt   ⓑ grandfather   ⓒ uncle

2 My uncle is my grandmother's _____ .

    ⓐ son   ⓑ daughter   ⓒ sister

3 Choose T for True or F for False.

    ⓐ I live with my dad, my mom, and my brother.   T / F

    ⓑ My family loves my uncle's visit.   T / F

✎ Choose and write.

| pretty   thin   uncle   aunt |

1

My dad is [   ] .

2

My [   ] is my grandfather's son.

Review 단어 복습

우리말에 맞게 주어진 철자를 바르게 배열하여 쓰세요.

1	아빠	d d a
2	엄마	m m o
3	남동생, 형, 오빠	b r h t o e r
4	여동생, 언니, 누나	s s i e r t
5	키가 큰	t l a l
6	마른	t i n h
7	예쁜	p e t t r y
8	잘생긴	h n s d a o m e
9	할아버지	g a r n d a f h t e r
10	할머니	g r n m d a o h t e r
11	아들	s n o
12	딸	d u g a h e r t
13	아버지	f e r t h a
14	어머니	m t h o r e
15	삼촌, 외삼촌	u l c e n
16	고모, 이모	a n t u

CHAPTER 5

Home

UNIT
09

UNIT
10

UNIT 09 듣기
QR코드를 스캔하여 단어와
문장을 듣고 따라해 보세요.

UNIT 10 듣기
QR코드를 스캔하여 단어와
문장을 듣고 따라해 보세요.

My House

나의 집

보고 따라 쓰세요.

bed

따라
써보기

bed

침대

sofa

sofa

소파

table

table

탁자

window

window

창문

알맞은 말을 골라 보세요.

침대	소파

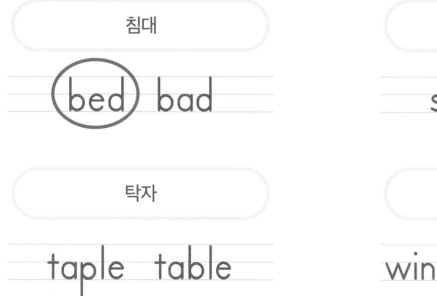

bed bad

sofa sofo

탁자	창문

taple table

windom window

오늘은 ◯월 ◯일

연결하고 따라 쓰세요.

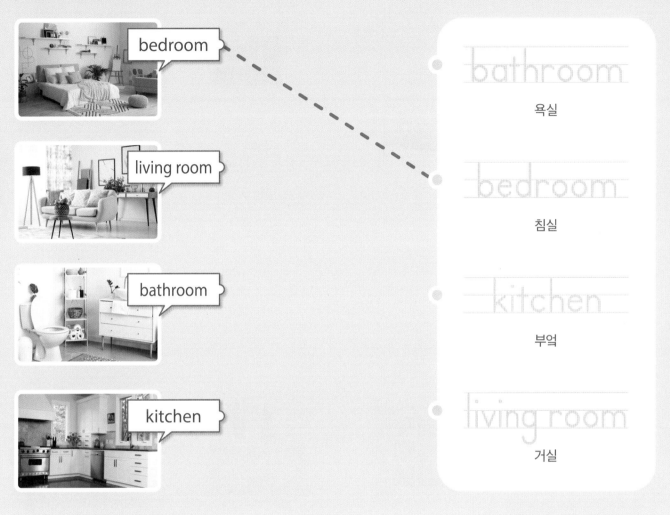

bedroom

living room

bathroom

kitchen

bathroom
욕실

bedroom
침실

kitchen
부엌

living room
거실

빠진 철자를 채워 보세요.

침실	거실
b ☐ droom	li ☐ ing room

욕실	부엌
ba ☐ hroom	☐ itchen

Words Practice

1 그림을 보고, 보기에서 알맞은 말을 골라 쓰세요.

보기   bed   sofa

2 그림을 보고, 주어진 철자를 바르게 배열하세요.

w d o w i n

t b a l e

3 그림에 맞는 단어를 연결하여 쓰고, 우리말을 고르세요.

b

☐ 침대
☐ 소파

t

☐ 창문
☐ 탁자

w

☐ 창문
☐ 탁자

s

☐ 침대
☐ 소파

4 그림을 보고, 알맞은 단어를 골라 문장을 완성하세요.

bed

☑ **bedroom** ☐ **living room**

따라 써보기

There is a bed
in the bedroom.

침실에 침대가 있다.

sofa

☐ **bedroom** ☐ **living room**

There is a sofa
in the _____.

거실에 소파가 있다.

window

☐ **bathroom** ☐ **kitchen**

There is a window
in the _____.

욕실에 창문이 있다.

table

☐ **bathroom** ☐ **kitchen**

There is a table
in the _____.

부엌에 탁자가 있다.

보고 따라 쓰세요.

breakfast

따라 써보기

breakfast

아침 식사

lunch

lunch

점심 식사

dinner

dinner

저녁 식사

meal

meal

식사

알맞은 말을 골라 보세요.

아침 식사	점심 식사

breakfast   breafast

lunsh   lunch

저녁 식사	식사

dinner   diner

meal   meak

▌연결하고 따라 쓰세요.

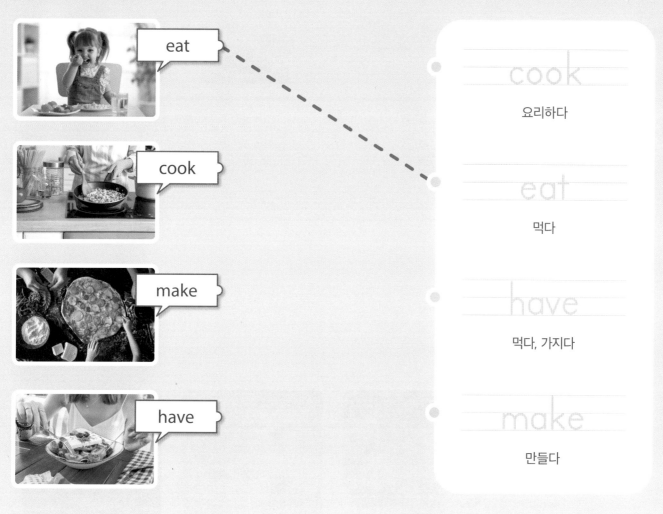

▌빠진 철자를 채워 보세요.

먹다

at

요리하다

co k

만들다

ake

먹다, 가지다

hav

Words Practice

1 그림을 보고, 보기에서 알맞은 말을 골라 쓰세요.

보기 breakfast   lunch

_____   _____

2 그림을 보고, 주어진 철자를 바르게 배열하세요.

d n n i e r

_____

m l e a

_____

3 그림에 맞는 단어를 연결하여 쓰고, 우리말을 고르세요.

b_____   m_____   d_____   l_____

☐ 아침 식사   ☐ 식사   ☐ 식사   ☐ 아침 식사
☐ 점심 식사   ☐ 저녁 식사   ☐ 저녁 식사   ☐ 점심 식사

4 그림을 보고, 알맞은 단어를 골라 문장을 완성하세요.

breakfast

✔ eat   ☐ cook

따라 써보기

We eat breakfast.

우리는 아침 식사를 먹는다.

lunch

☐ eat   ☐ cook

We [　　　] lunch.

우리는 점심 식사를 요리한다.

dinner

☐ make   ☐ have

We [　　　] dinner.

우리는 저녁 식사를 만든다.

meal

☐ make   ☐ have

We [　　　] three meals

a day.

우리는 하루에 세 끼를 먹는다.

In the House

This is our house.

It has two bedrooms, a bathroom,

a kitchen, and a living room.

There is a bed in each bedroom.

There is a window in the bathroom.

There is a sofa in the living room.

My family cooks and eats in the _____A_____.

We have three meals a day.

☑ **Read and circle.**

1 There is a bed in the _____.

    ⓐ bedroom   ⓑ bathroom   ⓒ living room

2 You can see a _____ in the living room.

    ⓐ meal   ⓑ sofa   ⓒ house

3 Fill in the blank ____A____.

    ⓐ bathroom   ⓑ kitchen   ⓒ bedroom

✏️ **Choose and write.**

eat   make   dinner

1

We [ ] breakfast.

2

We [ ] dinner.

우리말에 맞게 주어진 철자를 바르게 배열하여 쓰세요.

1	침대	b d e
2	소파	s f o a
3	탁자	t b l a e
4	창문	w i d n o w
5	침실	b d e r m o o
6	거실	l v i i g n r m o o
7	욕실	b t h a r m o o
8	부엌	k t i c h n e
9	아침 식사	b e a r f a t s k
10	점심 식사	l n u h c
11	저녁 식사	d n n i e r
12	식사	m a e l
13	먹다	e t a
14	요리하다	c k o o
15	만들다	m k a e
16	먹다, 가지다	h v a e

CHAPTER
6

Nature

보고 따라 쓰세요.

강

river

따라 써보기

river

sea

sea

바다

산

mountain

mountain

hill

hill

언덕

알맞은 말을 골라 보세요.

강

rivar (river)

바다

sea   see

산

mountain   moutain

언덕

hill   hell

| 연결하고 따라 쓰세요.

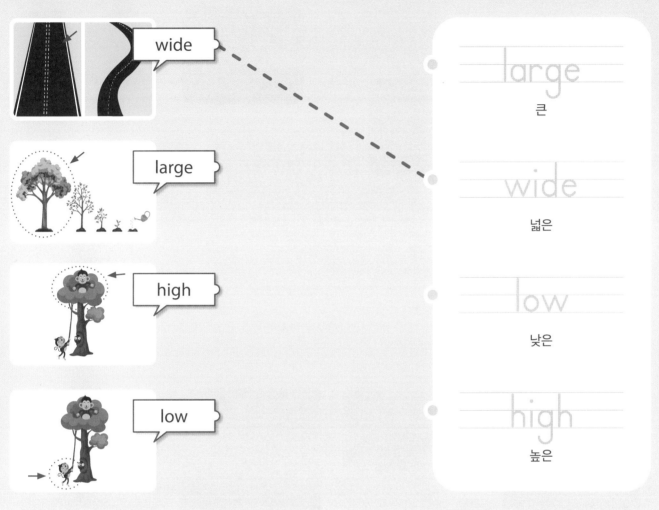

large
큰

wide
넓은

low
낮은

high
높은

| 빠진 철자를 채워 보세요.

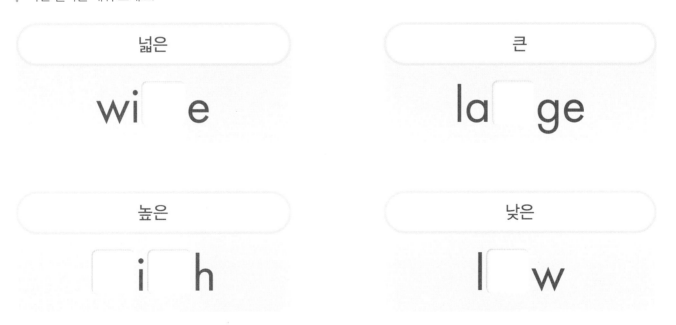

넓은

wi e

큰

la ge

높은

i h

낮은

l w

Words Practice

1 그림을 보고, 보기에서 알맞은 말을 골라 쓰세요.

보기   river   sea

2 그림을 보고, 주어진 철자를 바르게 배열하세요.

h l i l

m n o u a t i n

3 그림에 맞는 단어를 연결하여 쓰고, 우리말을 고르세요.

r

☐ 강
☐ 바다

m

☐ 산
☐ 언덕

s

☐ 강
☐ 바다

h

☐ 산
☐ 언덕

4 그림을 보고, 알맞은 단어를 골라 문장을 완성하세요.

river

☑ wide ☐ large

따라 써보기

The river is wide.

강은 넓다.

sea

☐ wide ☐ large

The sea is ____.

바다는 크다.

mountain

☐ high ☐ low

The mountain is ____.

산은 높다.

hill

☐ high ☐ low

The hill is ____.

언덕은 낮다.

보고 따라 쓰세요.

tree

따라 써보기

tree

나무

flower

flower

꽃

grass

grass

풀

plant

plant

식물

알맞은 말을 골라 보세요.

나무	꽃
(tree) trea	flouer flower

풀	식물
glass grass	plant plent

연결하고 따라 쓰세요.

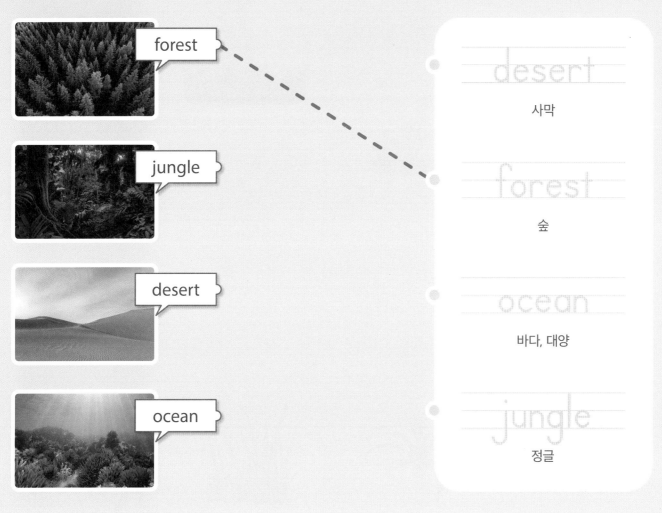

빠진 철자를 채워 보세요.

숲

fo est

정글

jun le

사막

dese t

바다, 대양

o ean

Words Practice

1 그림을 보고, 보기에서 알맞은 말을 골라 쓰세요.

> **보기**
> tree   flower

2 그림을 보고, 주어진 철자를 바르게 배열하세요.

g a s s r

p a l n t

3 그림에 맞는 단어를 연결하여 쓰고, 우리말을 고르세요.

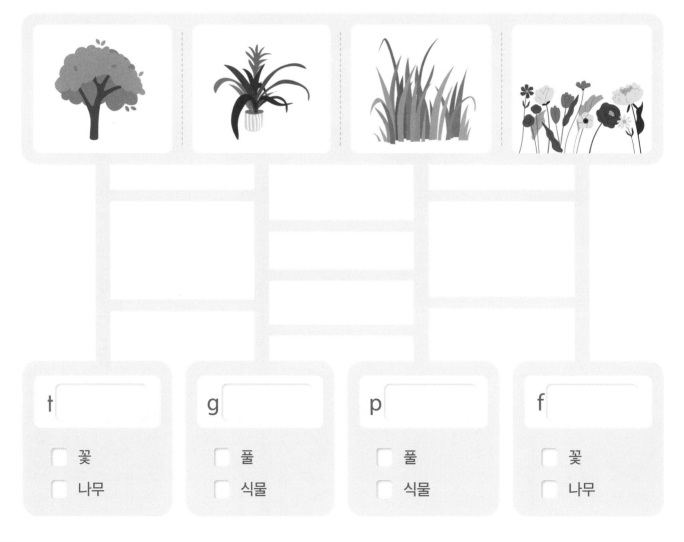

t

☐ 꽃
☐ 나무

g

☐ 풀
☐ 식물

p

☐ 풀
☐ 식물

f

☐ 꽃
☐ 나무

4 그림을 보고, 알맞은 단어를 골라 문장을 완성하세요.

tree

☑ **forest** ☐ **jungle**

따라 써보기

Some trees grow
in the forest.

어떤 나무들은 숲에서 자란다.

grass

☐ **forest** ☐ **jungle**

Some grasses grow
in the _____.

어떤 풀들은 정글에서 자란다.

flower

☐ **desert** ☐ **ocean**

Some flowers grow
in the _____.

어떤 꽃들은 사막에서 자란다.

plant

☐ **desert** ☐ **ocean**

Some plants grow
in the _____.

어떤 식물들은 바다에서 자란다.

Where Do They Grow?

In the world, some places are land.

There are mountains and hills.

And, some places are water.

There are rivers and seas.

Where do plants grow?

Some trees grow in the forest.

Some flowers grow in the jungle or desert.

Some plants grow in the ocean.

☑ Read and circle.

1 A _____ is in the land.

    ⓐ river   ⓑ sea   ⓒ hill

2 Trees and flowers are all _____.

    ⓐ forests   ⓑ plants   ⓒ deserts

3 Choose T for True or F for False.

    ⓐ There is no mountain in the land.   T / F

    ⓑ Flowers don't grow in the desert.   T / F

✏ Choose and write.

high   .   wide   low

1

The mountain is [ ].

2

The river is [ ].

✓ 우리말에 맞게 주어진 철자를 바르게 배열하여 쓰세요.

1	강	r v e r i ✏
2	바다	s a e
3	산	m o n u t a n i
4	언덕	h l i l
5	넓은	w d e i
6	큰	l a e r g
7	높은	h h g i
8	낮은	l w o
9	나무	t e r e
10	꽃	f l w o e r
11	풀	g s s r a
12	식물	p a n t l
13	숲	f e r o s t
14	정글	j g l e u n
15	사막	d s e r e t
16	바다, 대양	o e a c n

Numbers

UNIT
13

UNIT
14

UNIT 13 듣기
QR코드를 스캔하여 단어와
문장을 듣고 따라해 보세요.

UNIT 14 듣기
QR코드를 스캔하여 단어와
문장을 듣고 따라해 보세요.

보고 따라 쓰세요.

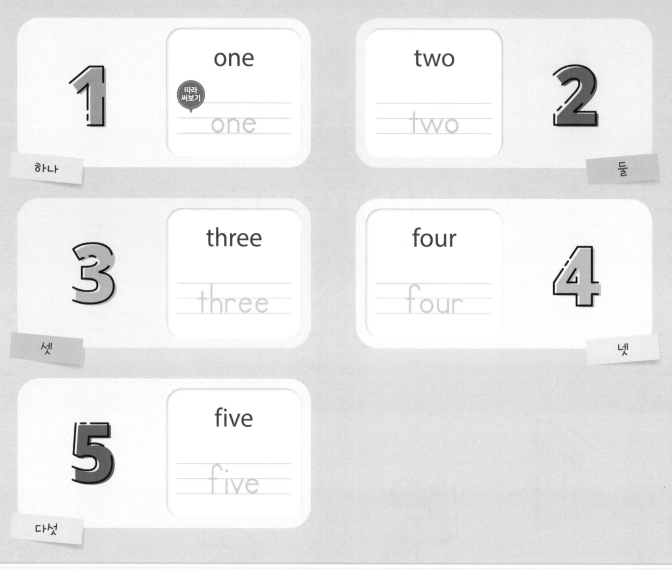

알맞은 말을 골라 보세요.

▍연결하고 따라 쓰세요.   83

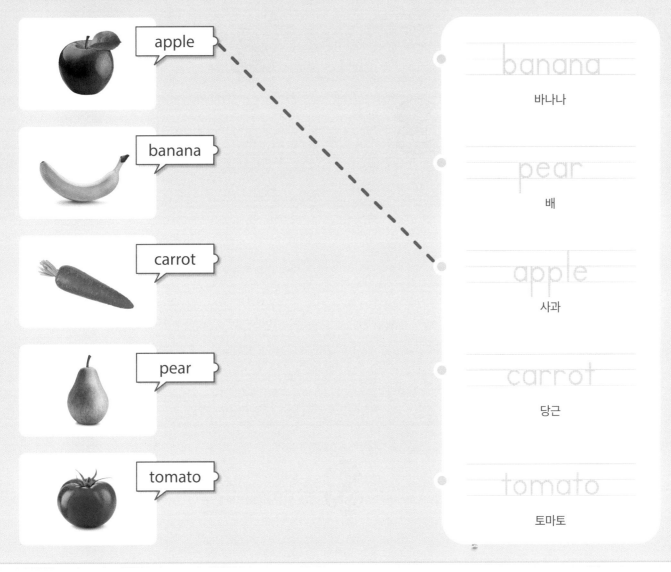

▍빠진 철자를 채워 보세요.

Words Practice

1 그림을 보고, 보기에서 알맞은 말을 골라 쓰세요.

보기 two   three   one

1   2   3

2 그림을 보고, 주어진 철자를 바르게 배열하세요.

4

f u r o

5

f v i e

3 그림에 맞는 단어를 연결하여 쓰고, 우리말을 고르세요.

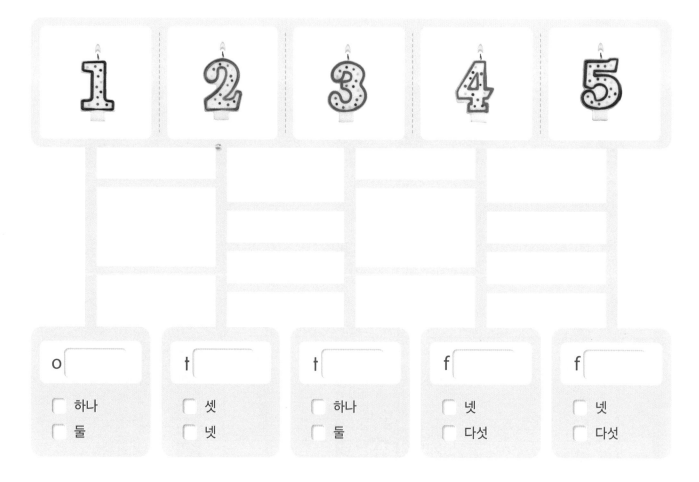

o⬜   t⬜   t⬜   f⬜   f⬜

☐ 하나   ☐ 셋   ☐ 하나   ☐ 넷   ☐ 넷
☐ 둘   ☐ 넷   ☐ 둘   ☐ 다섯 ☐ 다섯

84

그림을 보고, 알맞은 단어를 골라 문장을 완성하세요.

1 one

☑ apple ☐ banana

따라 써보기

There is one apple.

사과 하나가 있다.

2 two

☐ apple ☐ banana

There are two ⬜s.

바나나 두 개가 있다.

3 three

☐ carrot ☐ pear

There are three ⬜s.

당근 세 개가 있다.

4 four

☐ carrot ☐ pear

There are four ⬜s.

배 네 개가 있다.

5 five

☐ pear ☐ tomato

There are five ⬜es.

토마토 다섯 개가 있다.

Numbers 2 숫자

보고 따라 쓰세요.

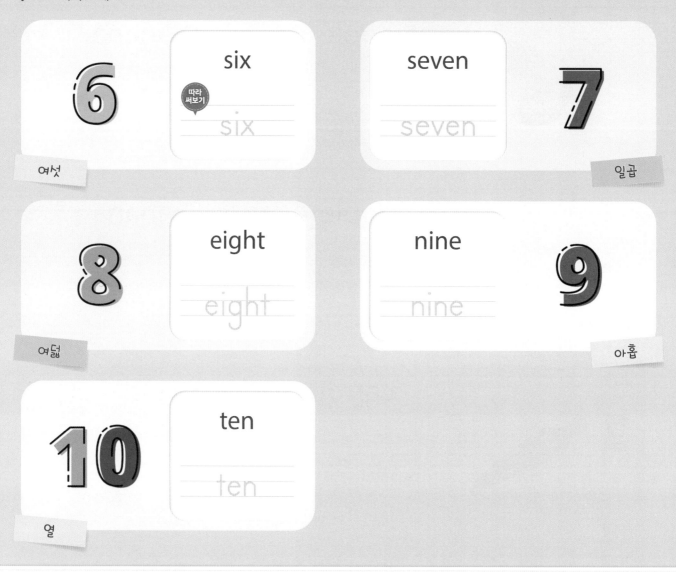

six
six

seven
seven

eight
eight

nine
nine

ten
ten

여섯
일곱
여덟
아홉
열

알맞은 말을 골라 보세요.

여섯	일곱	여덟
(six) vix	seavn seven	eight eaght

아홉	열
nice nine	ten tan

| 연결하고 따라 쓰세요.

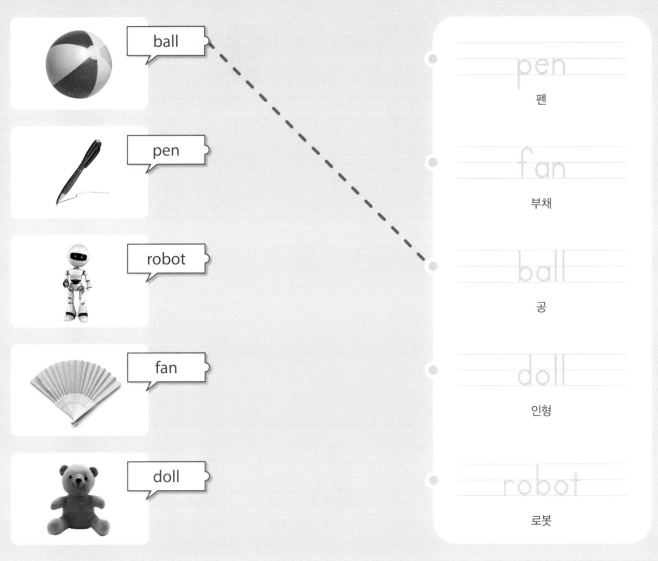

pen
펜

fan
부채

ball
공

doll
인형

robot
로봇

| 빠진 철자를 채워 보세요.

공
bal☐

펜
p☐n

로봇
ro☐ot

부채
☐an

인형
dol☐

Words Practice

1 그림을 보고, 보기에서 알맞은 말을 골라 쓰세요.

보기   six   eight   seven

6   7   8

___   ___   ___

2 그림을 보고, 주어진 철자를 바르게 배열하세요.

9

n n e i

_____

t n e

10

_____

3 그림에 맞는 단어를 연결하여 쓰고, 우리말을 고르세요.

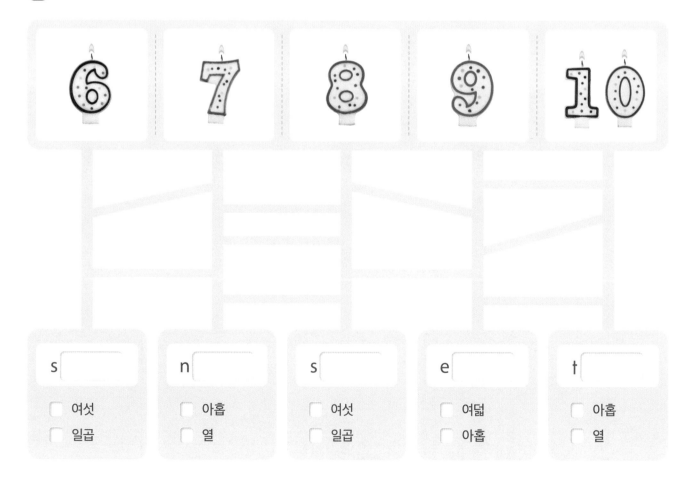

s___   n___   s___   e___   t___

☐ 여섯   ☐ 아홉   ☐ 여섯   ☐ 여덟   ☐ 아홉
☐ 일곱   ☐ 열   ☐ 일곱   ☐ 아홉   ☐ 열

4 그림을 보고, 알맞은 단어를 골라 문장을 완성하세요.

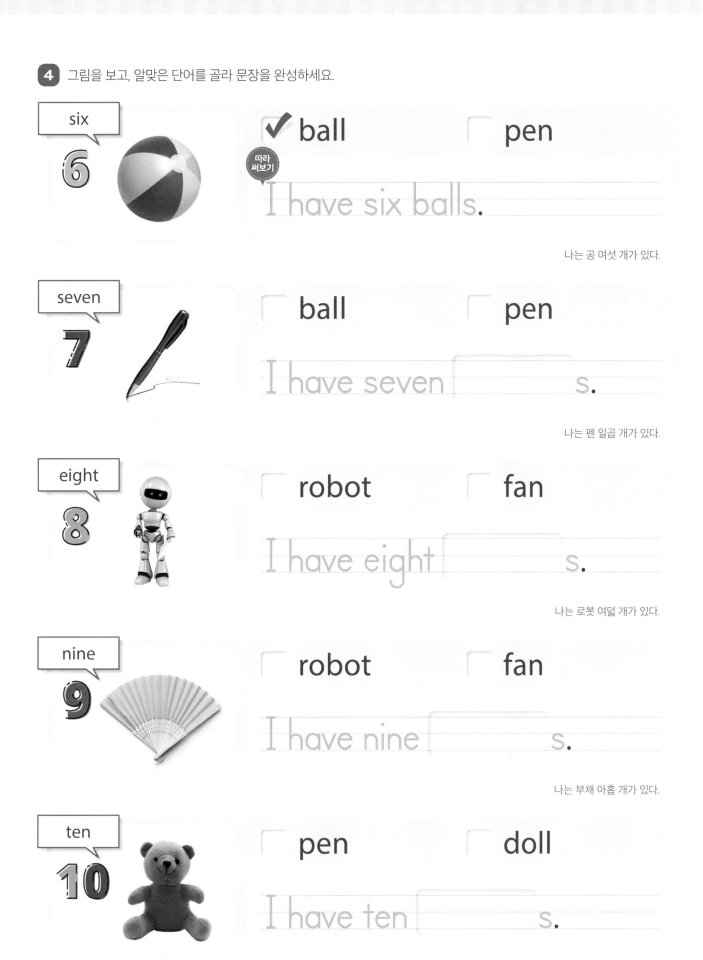

six

☑ ball ☐ pen

따라
써보기

I have six balls.

나는 공 여섯 개가 있다.

seven

☐ ball ☐ pen

I have seven _____ s.

나는 펜 일곱 개가 있다.

eight

☐ robot ☐ fan

I have eight _____ s.

나는 로봇 여덟 개가 있다.

nine

☐ robot ☐ fan

I have nine _____ s.

나는 부채 아홉 개가 있다.

ten

☐ pen ☐ doll

I have ten _____ s.

나는 인형 열 개가 있다.

A World of Numbers

What is in your basket?

There is one apple.

There are two bananas.

There are three carrots.

There are four pears.

There are five tomatoes.

What do you have in your box?

I have six balls.

I have seven pens.

I have eight robots.

I have nine fans.

I have ten dolls.

☑ Read and circle.

1 I have _____ tomatoes in my basket.

ⓐ two ⓑ three ⓒ five

2 There are seven _____ in my box.

ⓐ pens ⓑ fans ⓒ dolls

3 How many balls do I have?

ⓐ six ⓑ ten ⓒ eight

✎ Choose and write.

three   six   balls   carrots

1

There are [   ] [   ] .

2

I have [   ] [   ] .

우리말에 맞게 주어진 철자를 바르게 배열하여 쓰세요.

1	하나	o e n
2	둘	t o w
3	셋	t r e e h
4	넷	f u r o
5	다섯	f v e i
6	사과	a p l p e
7	바나나	b n n a a a
8	당근	c r a r o t
9	배	p a r e
10	토마토	t m o a t o
11	여섯	s x i
12	일곱	s v e e n
13	여덟	e g h i t
14	아홉	n n e i
15	열	t n e
16	공	b l a l
17	펜	p n e
18	로봇	r b o o t
19	부채	f n a
20	인형	l o l d

CHAPTER

8

Opposites

UNIT 15

UNIT 16

UNIT 15 듣기
QR코드를 스캔하여 단어와
문장을 듣고 따라해 보세요.

UNIT 16 듣기
QR코드를 스캔하여 단어와
문장을 듣고 따라해 보세요.

Opposites 1

▌ 보고 따라 쓰세요.

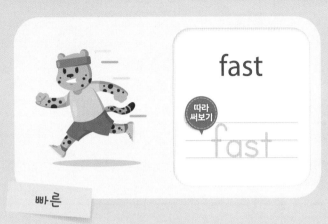

fast

따라
써보기

fast

빠른

slow

slow

느린

old

old

오래된

new

new

새로운

▌ 알맞은 말을 골라 보세요.

빠른

fest (fast)

느린

slow slot

오래된

ord old

새로운

net new

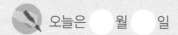

연결하고 따라 쓰세요.

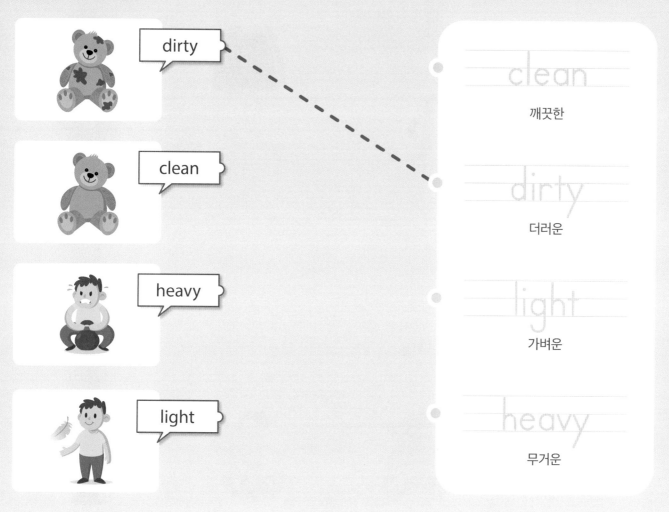

빠진 철자를 채워 보세요.

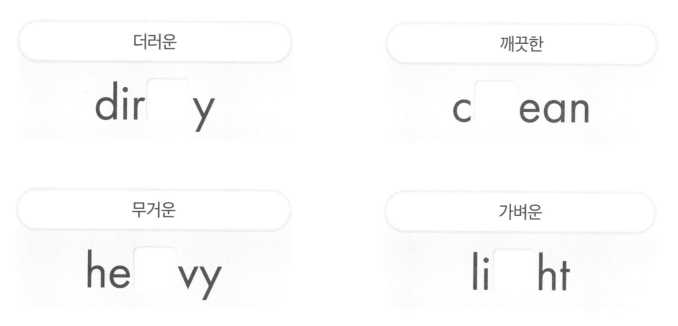

Words Practice

1 그림을 보고, 보기에서 알맞은 말을 골라 쓰세요.

보기   slow   fast

2 그림을 보고, 주어진 철자를 바르게 배열하세요.

o d l

w n e

3 그림에 맞는 단어를 연결하여 쓰고, 우리말을 고르세요.

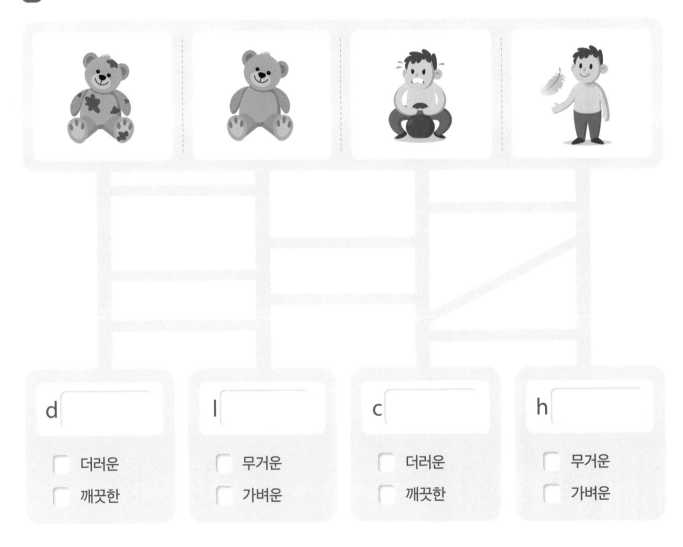

d

☐ 더러운
☐ 깨끗한

l

☐ 무거운
☐ 가벼운

c

☐ 더러운
☐ 깨끗한

h

☐ 무거운
☐ 가벼운

4 그림을 보고, 알맞은 단어를 골라 문장을 완성하세요.

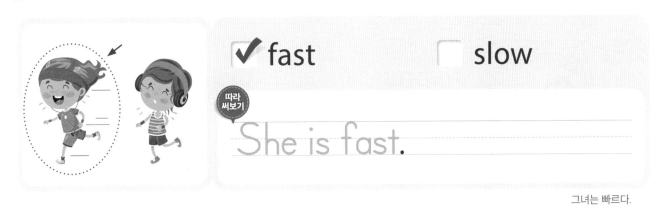

☑ fast ☐ slow

따라 써보기

She is fast.

그녀는 빠르다.

☐ old ☐ new

It is _____.

그것은 새 거다.

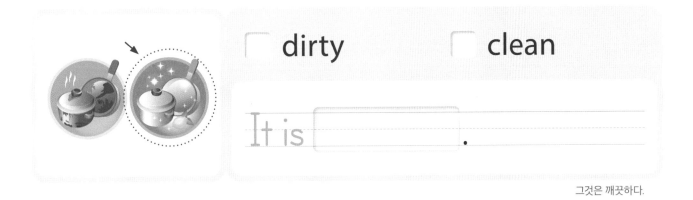

☐ dirty ☐ clean

It is _____.

그것은 깨끗하다.

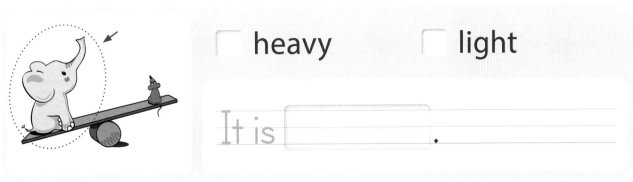

☐ heavy ☐ light

It is _____.

그것은 무겁다.

보고 따라 쓰세요.

happy

따라 써보기

happy

행복한

sad

sad

슬픈

hungry

hungry

배고픈

full

full

배부른

알맞은 말을 골라 보세요.

행복한

happy   hoppy

슬픈

sab   sad

배고픈

hungry   hunghy

배부른

full   fuly

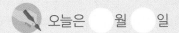
| 연결하고 따라 쓰세요.

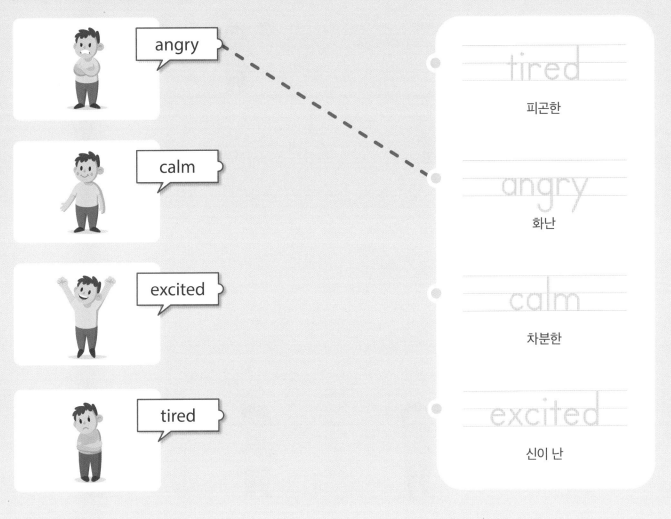

| 빠진 철자를 채워 보세요.

Words Practice

1 그림을 보고, 보기에서 알맞은 말을 골라 쓰세요.

보기

sad	happy

2 그림을 보고, 주어진 철자를 바르게 배열하세요.

h n u g y r

f l u l

3 그림에 맞는 단어를 연결하여 쓰고, 우리말을 고르세요.

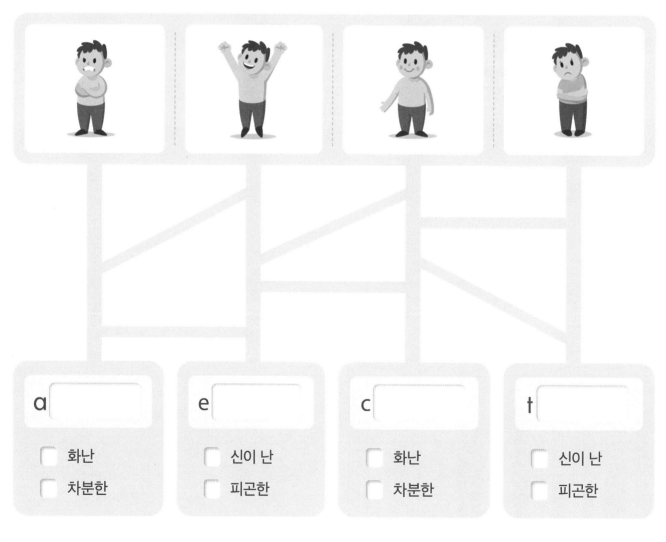

a

☐ 화난
☐ 차분한

e

☐ 신이 난
☐ 피곤한

c

☐ 화난
☐ 차분한

t

☐ 신이 난
☐ 피곤한

4 그림을 보고, 알맞은 단어를 골라 문장을 완성하세요.

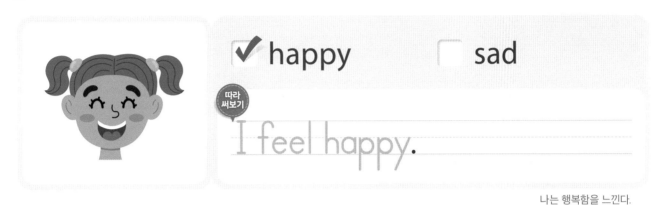

☑ happy ☐ sad

따라 써보기

I feel happy.

나는 행복함을 느낀다.

☐ hungry ☐ full

I feel [＿＿＿＿＿].

나는 배고픔을 느낀다.

☐ angry ☐ calm

I feel [＿＿＿＿＿].

나는 화를 느낀다.

☐ excited ☐ tired

I feel [＿＿＿＿＿].

나는 피곤함을 느낀다.

How Do You Feel?

 You look happy with your new phone.

Right. I feel excited.

You look angry with your dirty room.

And I feel sad, too.

Are you hungry?

Yes, I am. Can you share your lunch with me?

Well... I'm sorry. I can't share my lunch.

☑ Read and circle.

1 The girl's phone is _____.

    ⓐ old   ⓑ new   ⓒ dirty

2 The girl feels angry with her _____ room.

    ⓐ clean   ⓑ dirty   ⓒ heavy

3 Choose T for True or F for False.

    ⓐ The girl has a dirty phone.   T / F

    ⓑ The boy can't share his lunch.   T / F

✎ Choose and write.

| dirty | clean | heavy | light |

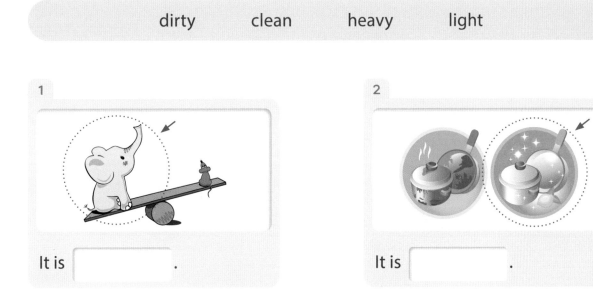

1

It is [   ].

2

It is [   ].

우리말에 맞게 주어진 철자를 바르게 배열하여 쓰세요.

1	빠른	f a t s
2	느린	s o w l
3	오래된	o d l
4	새로운	n w e
5	더러운	d t i r y
6	깨끗한	c e a l n
7	무거운	h a e y v
8	가벼운	l g i h t
9	행복한	h p p a y
10	슬픈	s d a
11	배고픈	h n u r y g
12	배부른	f l l u
13	화난	a g r y n
14	차분한	m l c a
15	신이 난	e x t c i d e
16	피곤한	t r d e i

혼공 초등 영단어
Starter 1

Voca Workbook

영단어	우리말	철자
1	dog		d⬚g
2	cat		ca⬚
3	bird		bi⬚d
4	rabbit		ra⬚bit
5	black		bla⬚k
6	brown		bro⬚n
7	yellow		y⬚llow
8	white		w⬚ite

영단어	우리말	철자
1	chicken		c⬚icken
2	cow		co⬚
3	pig		pi⬚
4	duck		duc⬚

영단어	우리말	철자
5 sing		si☐g
6 sleep		sl☐ep
7 move		mo☐e
8 drink		dr☐nk

3 The Weather & Seasons 1

⬤ 월 ⬤ 일 ⬤ 요일

영단어	우리말	철자
1 spring		s☐ring
2 summer		su☐mer
3 fall		fal☐
4 winter		win☐er
5 warm		wa☐m
6 hot		h☐t
7 cool		☐ool
8 cold		col☐

영단어	우리말	철자
1 sun		☐un
2 wind		wi☐d
3 rain		ra☐n
4 snow		s☐ow
5 sunny		sun☐y
6 windy		wind☐
7 rainy		r☐iny
8 snowy		sno☐y

영단어	우리말	철자
1 eye		e☐e
2 ear		ea☐
3 mouth		mou☐h
4 nose		☐ose

영단어	우리말	철자
5 see		se☐
6 smell		s☐ell
7 hear		he☐r
8 taste		t☐ste

영단어	우리말	철자
1 face		f☐ce
2 neck		ne☐k
3 hand		ha☐d
4 hair		hai☐
5 big		☐ig
6 short		sho☐t
7 round		ro☐nd
8 long		lon☐

영단어	우리말	철자
1	dad		d□d
2	mom		m□m
3	brother		brot□er
4	sister		sist□r
5	tall		□all
6	thin		t□in
7	pretty		pre□ty
8	handsome		han□some

영단어	우리말	철자
1	grandfather		gra□dfather
2	grandmother		grand□other
3	son		s□n
4	daughter		dau□hter

영단어	우리말	철자
5 father		fath☐r
6 mother		mot☐er
7 uncle		☐ncle
8 aunt		a☐nt

9 **My House**

● 월 ● 일 ● 요일

영단어	우리말	철자
1 bed		be☐
2 sofa		so☐a
3 table		ta☐le
4 window		windo☐
5 bedroom		bedr☐om
6 living room		li☐ing room
7 bathroom		ba☐hroom
8 kitchen		kit☐hen

영단어	우리말	철자
1 breakfast		brea☐fast
2 lunch		lun☐h
3 dinner		din☐er
4 meal		m☐al
5 eat		ea☐
6 cook		c☐ok
7 make		☐ake
8 have		ha☐e

영단어	우리말	철자
1 river		riv☐r
2 sea		s☐a
3 mountain		moun☐ain
4 hill		h☐ll

Nature 1

영단어	우리말	철자
5	wide		⬜ide
6	large		la⬜ge
7	high		hi⬜h
8	low		lo⬜

Nature 2   ⬤월 ⬤일 ⬤요일

영단어	우리말	철자
1	tree		tr⬜e
2	flower		flo⬜er
3	grass		g⬜ass
4	plant		⬜lant
5	forest		fo⬜est
6	jungle		ju⬜gle
7	desert		de⬜ert
8	ocean		o⬜ean

영단어	우리말	철자
1	one		□ne
2	two		tw□
3	three		th□ee
4	four		fo□r
5	five		f□ve
6	apple		ap□le
7	banana		ba□ana
8	carrot		car□ot
9	pear		pe□r
10	tomato		to□ato

영단어	우리말	철자
1	six		si□
2	seven		se□en

14 Numbers 2

	영단어	우리말	철자
3	eight		ei▢ht
4	nine		▢ine
5	ten		te▢
6	ball		ba▢l
7	pen		▢en
8	robot		ro▢ot
9	fan		▢an
10	doll		d▢ll

15 Opposites 1

	영단어	우리말	철자
1	fast		fa▢t
2	slow		▢low
3	old		ol▢
4	new		▢ew

15 Opposites 1

	영단어	우리말	철자
5	dirty		di◻ty
6	clean		clea◻
7	heavy		hea◻y
8	light		li◻ht

16 Opposites 2

	영단어	우리말	철자
1	happy		ha◻py
2	sad		s◻d
3	hungry		hun◻ry
4	full		f◻ll
5	angry		an◻ry
6	calm		◻alm
7	excited		excit◻d
8	tired		ti◻ed

116

혼공 초등 영단어
Starter 1

Voca Workbook 정답

1　My Pets

1. 개
2. 고양이
3. 새
4. 토끼
5. 검은, 검은색
6. 갈색의, 갈색
7. 노란, 노란색
8. 하얀, 하얀색

2　My Animals

1. 닭
2. 소
3. 돼지
4. 오리
5. 노래하다
6. 자다
7. 움직이다
8. 마시다

3　The Weather & Seasons 1

1. 봄
2. 여름
3. 가을
4. 겨울
5. 따뜻한
6. 더운
7. 시원한
8. 추운

4　The Weather & Seasons 2

1. 해, 태양
2. 바람
3. 비
4. 눈
5. 화창한, 맑은
6. 바람 부는
7. 비 오는
8. 눈 오는

5 My Body 1

1. 눈
2. 귀
3. 입
4. 코
5. 보다
6. 냄새를 맡다
7. 듣다
8. 맛보다

6 My Body 2

1. 얼굴
2. 목
3. 손
4. 머리카락
5. 큰
6. 짧은
7. 둥근
8. 긴

7 My Family 1

1. 아빠
2. 엄마
3. 남동생, 형, 오빠
4. 여동생, 언니, 누나
5. 키가 큰
6. 마른
7. 예쁜
8. 잘생긴

8 My Family 2

1. 할아버지
2. 할머니
3. 아들
4. 딸
5. 아버지
6. 어머니
7. 삼촌, 외삼촌
8. 고모, 이모

9 My House

1	침대
2	소파
3	탁자
4	창문
5	침실
6	거실
7	욕실
8	부엌

10 At Home

1	아침 식사
2	점심 식사
3	저녁 식사
4	식사
5	먹다
6	요리하다
7	만들다
8	먹다, 가지다

11 Nature 1

1	강
2	바다
3	산
4	언덕
5	넓은
6	큰
7	높은
8	낮은

12 Nature 2

1	나무
2	꽃
3	풀
4	식물
5	숲
6	정글
7	사막
8	바다, 대양

13 Numbers 1

1 하나

2 둘

3 셋

4 넷

5 다섯

6 사과

7 바나나

8 당근

9 배

10 토마토

14 Numbers 2

1 여섯

2 일곱

3 여덟

4 아홉

5 열

6 공

7 펜

8 로봇

9 부채

10 인형

15 Opposites 1

1 빠른

2 느린

3 오래된

4 새로운

5 더러운

6 깨끗한

7 무거운

8 가벼운

16 Opposites 2

1 행복한

2 슬픈

3 배고픈

4 배부른

5 화난

6 차분한

7 신이 난

8 피곤한

혼공 초등 영단어
Starter 1

정답

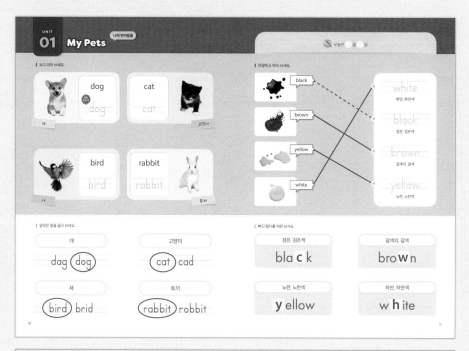

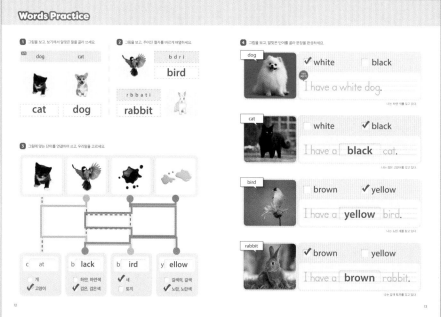

Chapter 1

UNIT 01

p.10 ~ p.13

UNIT 02

p.14 ~ p.15

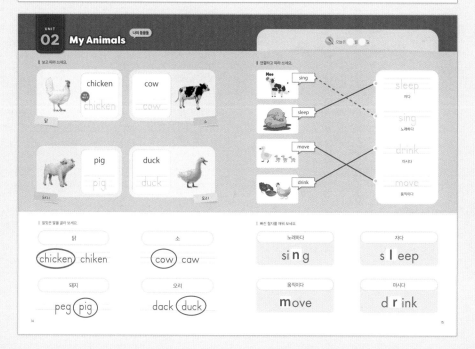

124

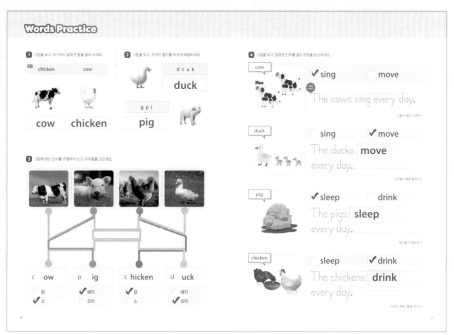

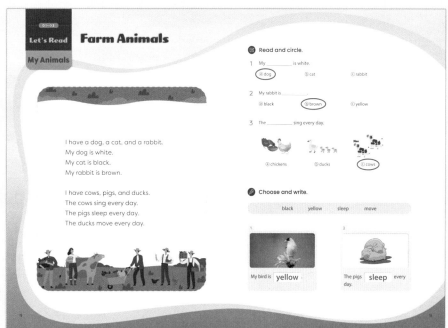

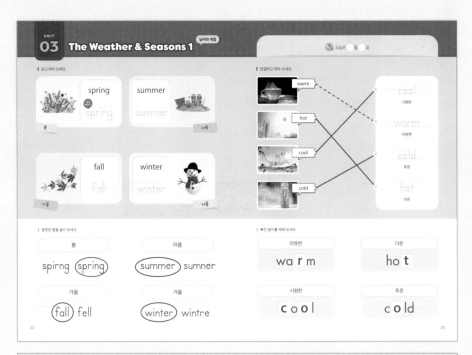

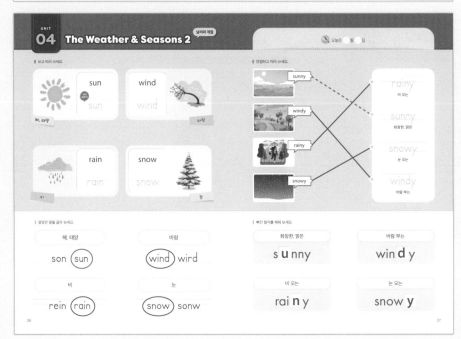

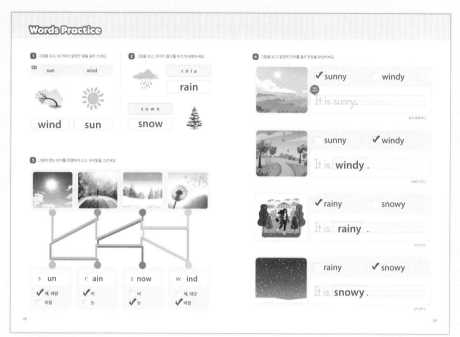

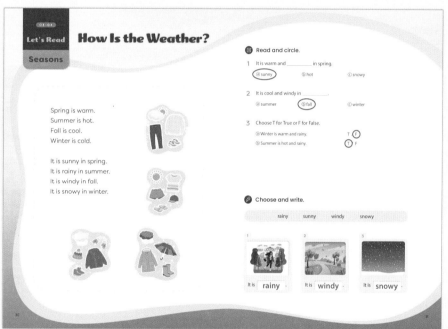

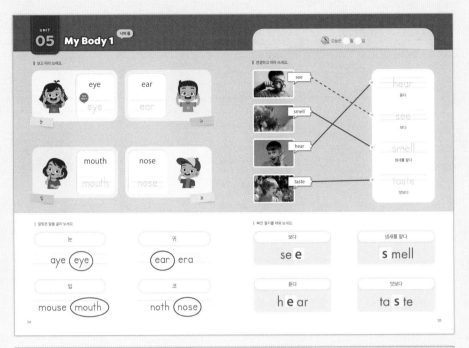

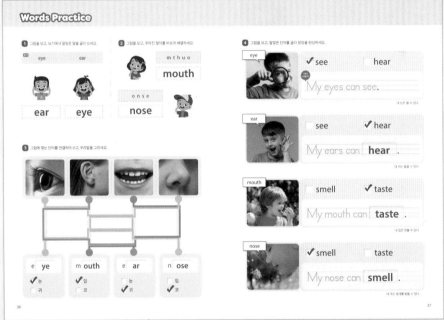

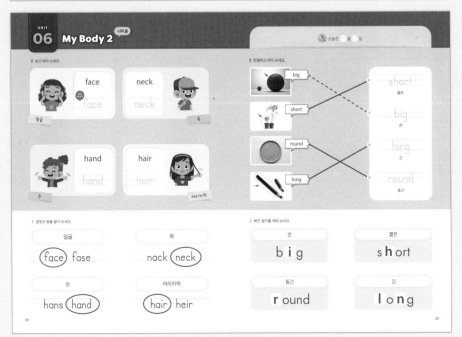

UNIT 06

p.40 ~ p.41

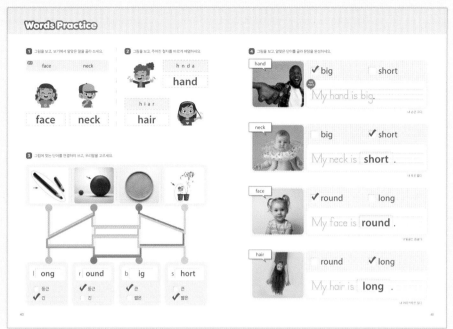

Let's Read
UNIT 05~06

p.42 ~ p.43

Review
UNIT 05~06

p.44

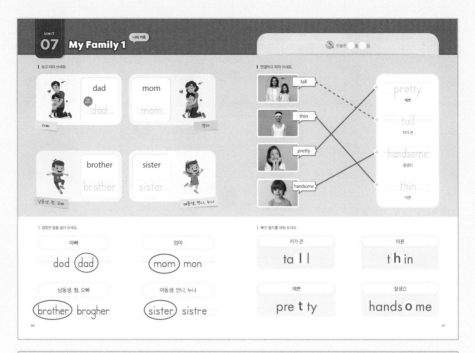

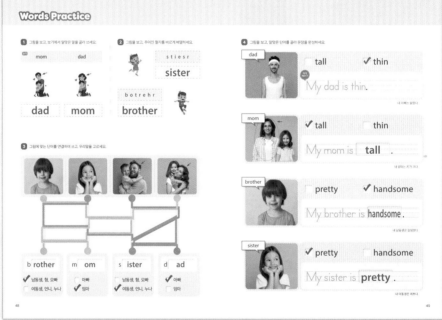

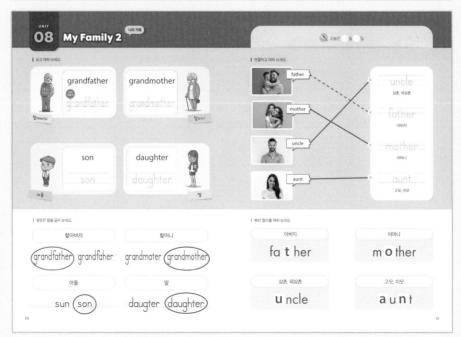

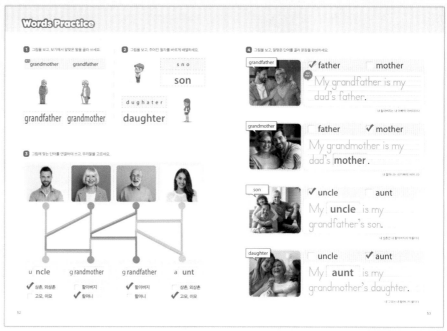

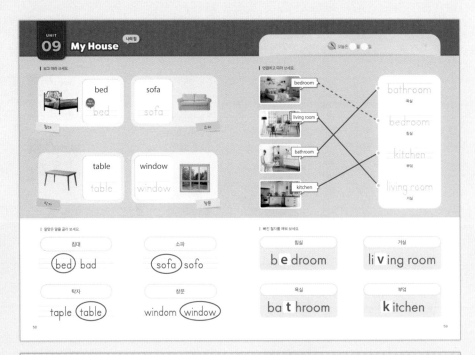

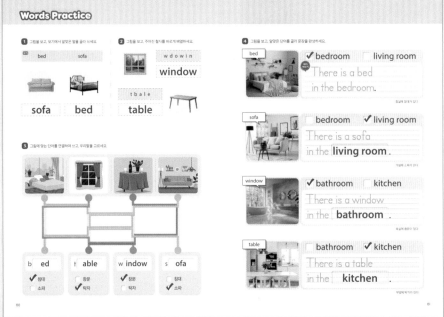

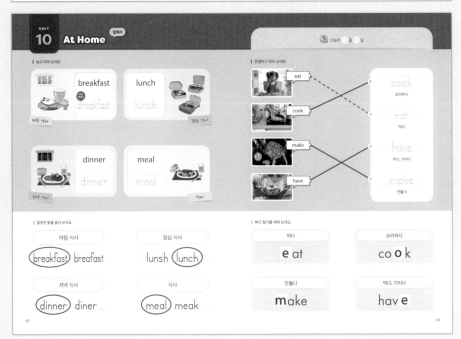

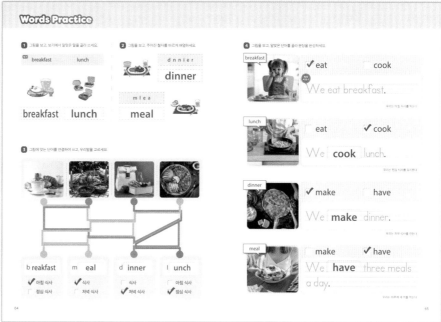

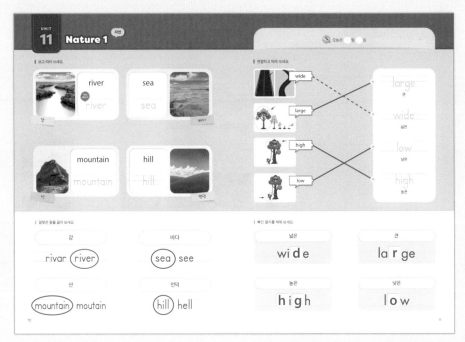

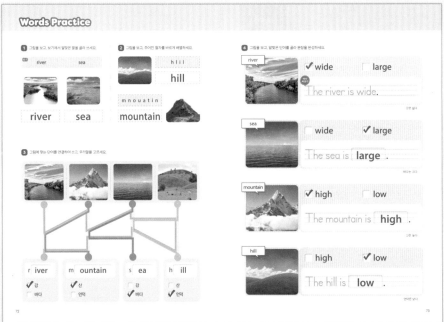

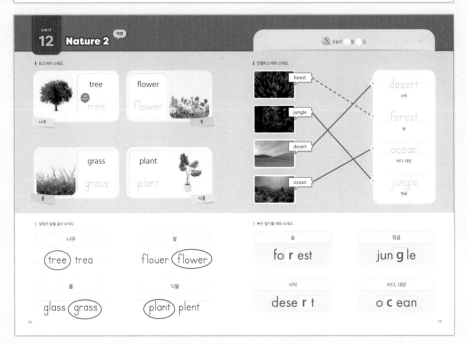

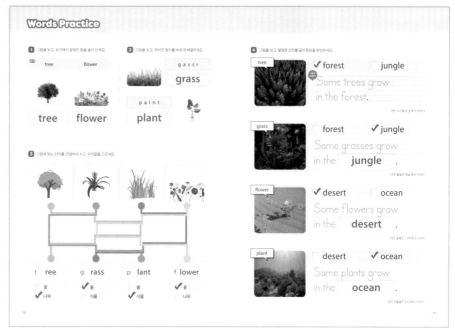

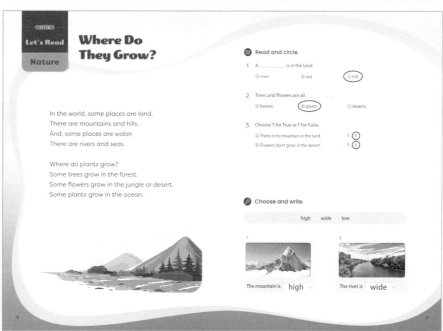

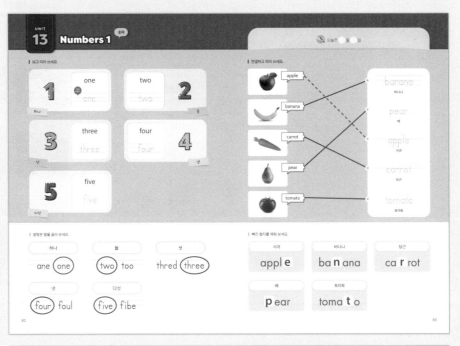

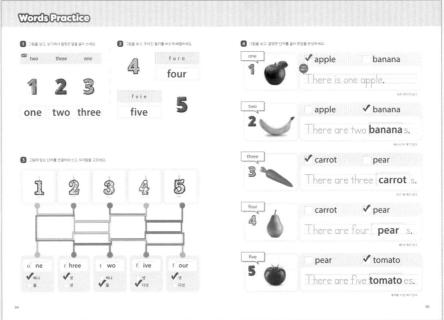

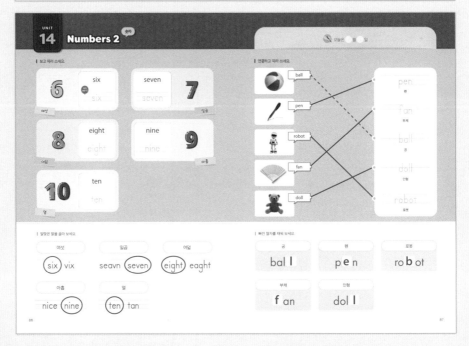

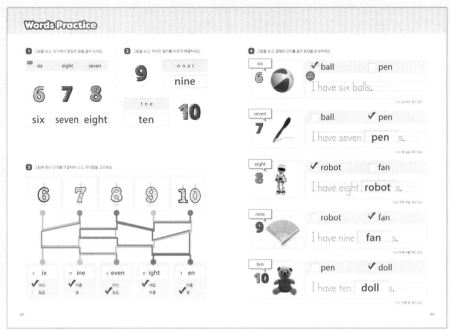

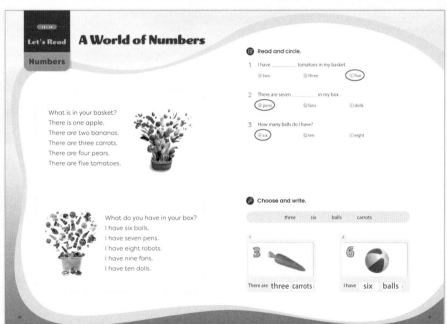

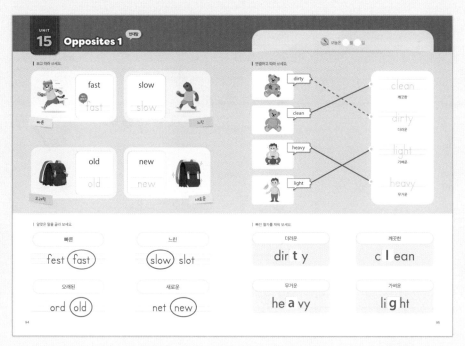

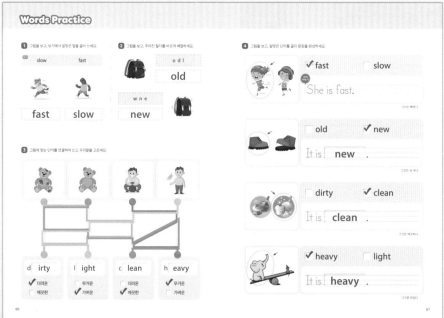

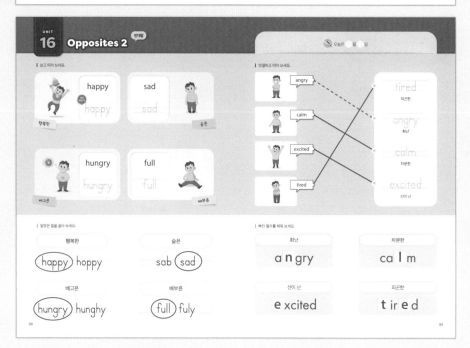

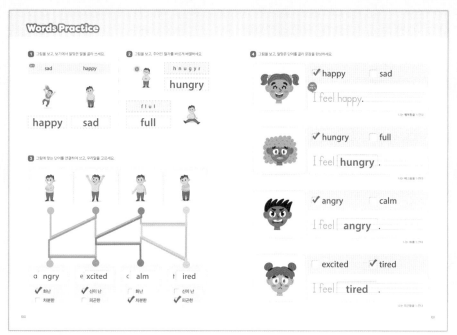